문지스펙트럼

우리 시대의 지성
5-014

국가와 황홀

송상일

문학과지성사

한국 문학선 기획위원

김병익 / 정과리 / 최성실

문지스펙트럼 5-014

국가와 황홀

지은이 / 송상일
펴낸이 / 채호기
펴낸곳 / 문학과지성사

등록 / 1993년 12월 16일 등록 제10-918호
주소 / 서울 마포구 서교동 363-12호 무원빌딩 4층 (121-838)
전화 / 편집부 338)7224~5 팩스 / 323)4180
영업부 338)7222~3 팩스 / 338)7221
홈페이지 / www.moonji.com

제1판 제1쇄 / 2001년 3월 25일

값 5,000원
ISBN 89-320-1233-9
ISBN 89-320-0851-5 (세트)

ⓒ 송상일

지은이와 협의에 의해 인지는 생략합니다.
이 책의 판권은 지은이와 문학과지성사에 있습니다.
양측의 서면 동의 없는 무단 전재 및 복제를 금합니다.

잘못된 책은 바꾸어드립니다.

국가와 황홀

책머리에

　시간의 틈새들을 훔치듯 낚아채며 썼다. 그래서 천식 앓는 문장이 되었다.

　미셸 투르니에가 범주들을 옛 무구(武具) 장식대의 순서 ― 무거운 무기는 아래에, 가벼운 것은 위 ― 에 따라 배열한 걸 본 적이 있다. 플라톤은 맨 위층에 가장 무거운 것을 걸었다(이데아는 모든 것의 모든 것이므로). 나는 그 자리에 무(無)를 걸어놓는다. 나의 이데아는 가장 희박하다.

　생각의 실마리를 준 것은 자오(肇)였다. 생각만 번거롭고, 소득은 이렇듯 초라하다. 그러나 현명한 독자는 저자가 담은 것보다 더 건질 것이다. 저자도 독자를 선택할 권리가 있다.

2001년 3월
송상일

차례

책머리에 / 7

1장 국가와 황홀 / 13

1. 케케묵은 주제 · 14
2. 가와바타와 미시마 · 16
3. 몸 던진 여자들 · 18
4. 건축가들 · 20
5. 이상한 언어 · 22
6. 에로틱하지 않은 에로스 · 25
7. 몸과 살 · 28
8. 타지 않는 불 · 32
9. 시간 죽이기 · 35
10. 얼빠진, 얼 빼는 · 38
11. 구멍 · 41
12. 무로부터의 창조 · 44
13. 실패 놀이 · 47

14. 니르바나 · 51
15. 바람의 영 · 56
1장을 마치며 · 59

2장 존재와 무 / 61

1. 로고스 · 62
2. 이다/있다 · 65
3. 무(無) · 68
4. 동굴 · 71
5. 돼지! · 74
6. 아! · 78
7. 알라야식 · 82
8. 공(空) · 84
9. 것 · 88
10. 신 · 91
11. 여여(如如) · 94

12. 은총 · 99
13. 말하기 · 102

3장 제유 / 106

1. 흉내 · 107
2. 싸움터 · 108
3. 왕 · 111
4. 명명 · 114
5. 엄마 · 116
6. 싸움터 · 117
7. 똥막대기 · 119

보탬말 / 122

부록 똥 이야기 / 161

국가와 황홀

1장 국가와 황홀

 문학의 운명에 대해 나는 그다지 염려하지 않는다. 문학의 위기 따위는 없다는 말이 아니다. 위기 ─ 진정한 위기는 위기를 자각하는 능력의 마비를 의미할 텐데 ─ 는 문학에 의해 결국 일깨워지리라는 것이다. 망각을 일깨우고 마비를 푸는 것이 문학이 하는 일이 아니던가.

 문학이 존재하기 위해 존재들과 다투는 장르라면 마땅히 '위기'를 염려해야 할 것이다(위기란 존재의 위기일 테니까). 그러나 문학의 본질이 죽음의 충동, 무(無)의 놀이라고 한다면?

 죽음이란 존재로부터 떼내어지는 것이다. 죽음은 우리를 존재의 확실성·안정성·친숙성으로부터 떼어내어 무와 직면케 한다. 그 무의 낯섦은 우리를 두렵게 만든다. 문학의 위기는 이 두려움을 잊게 하는 도피 기제의 확산과 관계가 있을 것이다.

 죽음은 잊혀질 수 있다. 그러나 죽음은 죽지 않는다(죽음이 죽는다?). 죽음은 늘 되돌아온다.

문학은 불패(不敗)의 운명을 타고났다고 할 수 있다. 그것은 죽음이 불패인 것과 같다.

1. 케케묵은 주제

존재에 대해 말하는 것은 겁 없는 도발이거나(존재는 너무나도 심오하므로), 뜬구름 잡는 수작이거나(존재는 문법의 환상이므로), 자다 봉창 두드리는 짓으로 보일지 모른다(닳고 닳아 액면 표시가 지워져버린 주화처럼 존재는 케케묵은 주제가 아니던가). 존재는 신과 함께 죽은 지 오래일 텐데?

그러나 존재는 죽지 않는다. 잊혀질지언정. 존재──온전히 말하면, 존재와 무──는 생과 사, 생식과 오르가슴의 문제인 까닭이다(누가 무심할 수 있을 것인가).

존재는 생식의 목적인(目的因)이다. 존재를 생산·유지·연장하는 것이 생식의 목적이다. 반면, 오르가슴에 다가갈수록 의식은 존재로부터 멀어진다. 마침내 절정에 달하면 의식은, 당연히 존재도(의식은 존재의 의식이므로), 희미해져 가 물거리다 꺼져버린다. 촛불이 훅 꺼지듯이. 쾌락 원칙을 '넘어서' 니르바나 원칙이 있는 것이 아니다. "이러한 경향[니르바나 원칙]은 쾌락 원칙 속에서 발견된다."[1] 오히려 쾌락은 열반을 향해 질주한다.

존재는 교활하다. 무를 향한 열망은 존재의 증식을 낳고, 존재는 더욱 풍요로워진다. 그러나 존재는 늘 불안하다. 존재의 승리는 무의 존재를 무시할 만큼 완벽하지 못하다. 실로 이것이 시인 추방론의 숨겨진 비밀이다.

시인 추방은 진부한 이슈이다. 그러나 그 진상이 다 밝혀졌다고 볼 수 없다. 통상적으로 그것은 철학과 신화의 대결 드라마로 해석된다. 그러나 그 대립은 생각만큼 근본적이지 않다. 철학은 국가 이데올로기로서 기여한다(철학은 국가에 복무하고, 국가는 철학 위에 세워진다). 신화도 마찬가지다. 철학과 신화의 동기는 동일하다. 권력 의지가 그것이다. 그리고 권력 의지란 결국 존재 욕망이다.

반면, 에로티시즘은 까무러치는 것, 숨넘어가는 것이다. 이것이 진지한 철학자들이 독신이거나 금욕주의자였던 이유리라. 존재의 사유에 연인을 위한 자리는 없다. 그리고 시인을 위한 의자도.

황지우 시집 『어느 날 나는 흐린 酒店에 앉아 있을 거다』에 붙인 발문에서, 이인성은 시를 불꽃놀이에 비유했다(그의 말처럼, 소설을 불꽃놀이에 비유하기는 힘들 것이다). "중요

---

1) S. 프로이트, 박찬부 옮김, 『쾌락 원칙을 넘어서』, 열린책들, 1997, p. 78.

한 기억이 되살아날 때면 [……] 어김없이 다시 어둠의 높은 곳에 터져오르는 황홀한 빛무늬라는 의미에서, 불꽃놀이와 시는 내통한다"고 그는 쓰고 있다. 단, 화려하게 피어나고 이내 스러지는 빛이 아니라면 그것이 그토록 황홀할 수 없을 것이다.

연인과 시인은 존재에 복무하지 않는다. 그들은 무의 바다로 몸을 던진다. 아폴로 신전이 바라보이는 절벽 위에서 이오니아 해의 검푸른 파도 위로 몸을 던진 사포의 최후보다 더 시적인 것은 없을 것이다. 본능에 이끌려서 시인은 죽음으로 다가간다.

그리고 이것이 국가가 시를 궁극적으로 어쩌지 못하는 이유이다. 국가는 살린다는 구실——존재를 담보——로 지배한다. 그러나 권력은 죽음의 충동, 무에의 의지를 다룰 방법이 없다. 다룰 수 없는 자는 쫓아버리는 것이 상책이다.

2. 가와바타와 미시마

가와바타 야스나리가 죽었을 때, 그의 책상 위에는 만년필이 뚜껑이 열린 채 놓여 있었다. 세상사에 대하여 다 알은체하는 저널리즘과 평론가들도 이 죽음의 기의를 설명할 수 없었다. 이유 없음, 동기 없음, 목적 없음…… 가와바타의 자

삶은 시적이다.

미시마 유키오는 사무라이 격식을 갖춰 스스로 배를 갈랐다(그에 비해, 도시 가스 파이프를 물고 죽은 가와바타의 '형식'은 볼품이 없다). 미시마는 몸부림치는 꼴을 훔쳐볼 틈도 허락하지 않았다. 단검이 배를 가르는 순간, 대기해 있던 가이샤쿠의 칼날이 바람처럼 그의 목으로 지나갔다. 그것은, 롤랑 바르트를 매료시켰던 '일본식' 글쓰기의 일필휘지—지우거나 고쳐 쓸 수 없는, 돌이킬 수 없이 단번에 씌어지는—를 연상케 하는 화려한 의례였다.

미시마의 죽음은 일본식 꾸러미를 닮았다. 일본식 선물 꾸러미의 심미주의는 기표의 완벽성에 비해 기의가 너무나 소박하다는 데 있다. 그들은 양갱 한 조각을, 마치 보석인 양, 색색의 포장지로 싸고 또 싼다(그래서, 바르트의 말처럼, 마치 상자 자체가 선물인 것처럼 느껴진다). 일본식 포장을 푸는 것은 양파를 벗기는 것과 같다. 속은 텅 비었다. 색즉시공의 일본식 세속화다.

그러나, 미시마의 의례는 문자 그대로 과대 포장이다. 그것은 텅 빈 몸짓이 아니었다. 하라키리의 기표 뒤에 '국가'라는 환원주의가 도사리고 있었다. 천황은 양갱보다 비(非) 시적이다.

게다가 미시마는 합칠 수 없는, 아니 합쳐서 안 될 것을 합친 최악의 경우였다. 최악의 사태는 국가가 황홀에 빠지는 경우다. 국가가 죽음의 충동을 발동시킬 때는 기필코 홀로코스트를 부른다.

생의 작열──죽음의 충동──은 국가를 해체할 위험이 있다. 그러나 국가가 작열할 때는, 생이 학살을 면치 못한다. 타고난 예술가였던 발터 벤야민은 그 점을 정확히 꿰뚫어보았다. 그는 시의 위력과 위험을 누구보다도 잘 알고 있었다.

그러나 벤야민은 너무 쉽게 손등을 뒤집었다. 부정의 부정이 곧 긍정이 되는 것은 아니다. 정치의 예술화──파시즘──에 대한 대안으로 그는 예술의 정치화를 제안했다. 예술가 벤야민의 순진성이 엿보이는 대목이다. 예술을 정치화한 미학의 귀결을 그는 너무 일찍 죽어서 알지 못했다.

정치를 예술화한 결과는 죽이는 정치였다. 예술의 정치화는 시를 죽인다.

3. 몸 던진 여자들

사포, 펠라기아, 심청, 논개…… 바다로 몸을 던진 여자들의 이름이다.

15세 꽃다운 소녀였다. 펠라기아는, 적군에게 잡혀 정욕의 밥이 되느니 차라리 고대 로마의 낙화암 전설이 되었다. 훗날 암브로시우스는 그녀의 '영웅적 순교'를 칭송했다. 반면,

아우구스티누스는 『신국』 권1의 17 이하에서 '죄(자살)로써 죄를 피하는' 부조리에 대해 길게 논하고 있다.

펠라기아, 심청, 논개는 죽음을 애무하지 않았다. 그들은 가장 엄숙하고 가장 거룩한 것——순결·효·충 등등——을 위해 죽음의 바다로 뛰어들었다. 그들은 죽음으로 '내몰린' 성처녀·효녀·충절녀였다.

가령 심청은 '효'라는 국가 이데올로기에 의해 죽음으로 내몰렸다. 국가는 온갖 수사학으로 지배 이데올로기를 부추김으로써(천지신명·귀신·부처님까지 합세하고 있다) 심청을 죽음으로 내몰았다. 네가 정녕 효녀냐, 그렇다면 죽어라, 목숨을 아낀다면 너는 효녀일 리 없다……

심청——다른 두 여자도——은 국가 공희(供犧)의 제물이었다. 대가는 치러진다. 국가는 희생물을 축성(祝聖)하고 응분의 보상을 베푼다(효녀는 왕후가 되고, 심봉사는 눈을 뜬다. 이것은 허구이다. 그러나 현실의 보상도 썩 허구적이다. 충의 희생자들은 훈장과 국립묘지에 묻힐 자격을 얻고, 유족은 약간의 위로금을 지급받는다).

사포의 자살은 칭찬할 수도, 비난할 수도 없다. 그녀의 죽음은 그저 덧없다. 그래서 시적이다.

4. 건축가들

철학은 존재를 논한다. 철학처럼, 신화도 존재를 이야기한다. 그 점에서, 신화는 열등한 철학이라고 할 수 있다. 한편, 철학은 편집증적인 신화처럼 보인다. 철학은 일방적으로 존재를 과대 평가 한다. 신화처럼, 철학은 허풍 떠는 이야기이다('허풍 떠는' 것이 신화의 시적 특징이다. 시는 신화의 유산이지만 또한 신화의 뿌리이다. 당치 않은 시적 요소가 없다면 신화는 합리적인 이야기가 될 것이고, 그렇게 되면 이미 신화가 아닐 것이다. 시는 신화의 무의식이다).

철학자 플라톤에 의하면, 시는 사이비 지식이다. 시인이 들려주는 전쟁 이야기는 흥미진진하다. 그러나 시에서 전술을 배운/배울 장군은 없다. 호메로스는 국가에 아무 쓸모가 없다.[2] 쓸모——물론 국가에!——가 진리를 가늠하는 기준이다("덕·미·정의 따위도 결국 사용과 관련된 것이 아니겠나?" "그렇습죠").[3] 요컨대, "[국가를] 망치는 것은 다 나쁜 것이고, 보존하는 것은 다 좋은 것"[4]이다.

바울도 쓸모——여기서는 교회에——를 묻고 있다(「고린도

---

[2] *Great Dialogues of Plato*, tr. W. Rouse, Mentor, 1956, p. 399.
[3] *ibid.*, p. 401.
[4] *ibid.*, p. 409.

전서」 14: 4). 바울이 방언——황홀경의 지껄임——을 비판하는 이유는 플라톤이 시를 비난하는 이유와 동일하다. 즉 무질서를 퍼뜨린다는 것이다. 하느님은 질서의 하느님으로 선포되고 있다(14: 33, 40).

바로 이 질서 위에, 플라톤은 국가를 설계하고("우리는 지금 시인이 아니고, 국가를 세우는 사람들일세"),[5] 바울은 교회를 세웠다(3: 10). 이들은 국가 건축가이다.

그리고 철학자였다. 철학이 존재를 탐구——분류하고, 위계를 세우고, 위치를 지정——하는 것은 세계를, 인간을, 사물을 파악하기 위해서이다. 파악하는 것은 장악, 손아귀에 넣는 것이다. 그런데 이것은 다름아닌 국가가 하는 일이다. 철학이 법철학으로 대단원을 삼은 것은 우연이 아니다.

이 존재의 질서를 시는 엉망으로 만든다. 시는 까닭 없는 고통, 무고한 자의 죽음, 불가항력의 정염 등 온갖 불가사의한 것들을 떠벌린다. 무질서를 즐기는 시는 악취미가 분명하다. 그래서 플라톤은 "신들이 서로 싸우거나, 서로 음모를 꾸미는 따위의 이야기"[6]를 금지했다(한편 『토템과 터부』에서 신은, 아비를 죽이고 그 고기를 먹은 자식들의 죄의식이 만들어낸 환영으로 설명되고 있다. 플라톤의 관점에서, 프로이트

---

5) *ibid.*, p. 176.
6) *ibid.*, p. 175.

는 더할 나위 없는 시인이다).

제자는 스승이 내쫓은 시인을 다시 국가로 불러들였다. 그리하여 그는 시학의 아버지가 되었다. 그러나 『시학』이 『국가』보다 더 반시적이다. 스승은 시와 국가를 맞세움으로써 시에 국가와 맞먹는 위엄을 주었다. 제자는 시를 국가에 흡수했다(아리스토텔레스는 또한 정치학의 아버지이다). 황홀이었던 시가, 이제 문법이 되었다. 시가 이성의 지배하에 놓이게 된 것이다. 다시 말해 국가의 지배하에.

5. 이상한 언어

방언을 말하는 자는 사람에게 하지 아니하고 하나님께 하나니 이는 알아듣는 자가 없고 그 영으로 비밀을 말함이니라. 그러나 예언하는 자는 사람에게 말하여 덕을 세우며 권면하며 안위하는 것이요, 방언을 말하는 자는 자기의 덕을 세우고 예언하는 자는 교회의 덕을 세우나니. (「고린도전서」 14: 2~4)

방언은, 이성의 통치하에서 변두리로 쫓겨나고 천민화하고 잊혀진 수수께끼 같은 이름들——뮤즈, 오르페우스, 광기, 황홀경, 에우리피데스의 자석(磁石), 신들림, 영감, 카리스마, 상상력 등등——의 계열체에 속하는 '이상한 언어'다.

바울은, 비록 변질되고 타락——헬레니즘화——한 형태로나마 플라톤을 알고 있었을 것이다(그렇다면 플라톤이 시인을 어떻게 대접했는가도 바울은 들어서 알고 있었을 공산이 크다). "내가 만일 방언으로 기도하면 나의 영이 기도하거니와 나의 마음은 열매를 맺지 못하리라"(14: 14)고 말할 때, 그는 시적 영감과 이성의 플라톤적 구분을 되살려놓고 있다.[7]

바울과 플라톤은 황홀한 언어를 무시하지 않았다. 그들은 그것을 '신들의 선물'(플라톤), '영으로부터 온 말'(바울)로 여겼다. 그럼에도 불구하고 그들은 그것을 용납할 수 없었다. 그들은 언어가 질서에 기여하기를 원했다. 언어는 교회의 악보대로 연주되고, 국가의 진군 나팔이 되어야 한다(14: 7~8).

영감과 이성이 서로 낯설지 않고, 구조가 다른 두 개의 뇌——시/철학——가 결합하여 신들의 이야기를 생산하던 시절이 있었다. 당시 사람들은 신화적 사실의 진/위를 묻지 않았다. 그것의 진/위를 묻는 질문이 제기될 것은 이성이 주도

---

7) "나의 마음은 열매를 맺지 못하리라"를 '공동번역'은 "나의 이성은 작용을 하지 않는다"로 옮기고 있다. 바울은 이성·자유·양심·덕과 같은 그리스적 용어와 개념들을 처음으로 그리스도교 문서에 도입한 장본인이다. K. H. 셸클레, 김영선 옮김, 『신약성서 입문』, 분도출판사, 1982, p. 139.

1장 국가와 황홀 23

권을 장악한 이후이다.

그래서 바울은 방언을 이성의 언어로 해석할 것을 요구한다(14: 33). 그러나 누가 해석하는가? 그리고 해석의 기준은 무엇인가?

신탁 해석자 '만티스'들——기독교는 교부와 주교들——이 있었다. 신전의 신들린 무녀들은, 플라톤에 의하면 시인들도, 알아들을 수 없는 말을 생각 없이 중얼거린다. 그들이 하는 말은 "마치 샘물의 속삭임처럼"(헤겔) 그 자체로는 아무런 뜻도 없다. '만티스'가 그것을 사람들에게 '알아들을 수 있는' 말로 해석해준다.

그러나 실로 '만티스'들은 무녀들이 지껄이는 소음에 귀를 기울이며 자신의 노래를 불렀던 것이다.[8] 해석자들 또한 시인이었다.

플라톤이 비로소 말할 것과 침묵할 것의 기준을 세웠다. "〔자식들을 잡아먹은 크로노스 신화를 예로 들면서〕설사 그것이 진실이라고 해도, 철없는 젊은이들에게 솔직히 들려주어서는 안 될 것이네. 그런 이야기는 말하지 않는 것이 최선이네."[9]

플라톤은 시인들을 거짓말쟁이라고 비난한 직후 이 말을

---

8) F. 헤겔, 김종호 옮김, 『역사철학 강의』 I, 삼성출판사, 1976, pp. 331~33.
9) *Great Dialogues, op.cit.*, 앞의 책, p. 174.

하고 있다. 그러므로 진실이 진/위를 판단하는 것은 아니다. 플라톤에게 진/위를 가르는 기준이 된 것은 어디까지나 국가였다.

6. 에로틱하지 않은 에로스

아우구스티누스는 플라톤에게 승리의 종려 가지를 수여했다. 독신(瀆神)과 정욕을 부추기는 '악마적' 시인들을 그가 쫓아냈기 때문이다.[10]

시와 섹스는 존재의 해체를 겨눈다. 에로틱 사랑이 궁극적으로 꿈꾸는 것은 이것이다. 죽도록 하는 것, 무가 되는 것(죽도록 하기 위해서도 그들은 살아 있어야 한다. 무를 경험하기 위해 존재해야 하는 것은 하나의 역설이다. 그러나, 하는 당사자들은 그것을 의식하지 않는다).

프로이트는 그 점을 꿰뚫어보았다. "절정에 이르면, 주위에 관심을 기울일 여지가 전혀 남지 않는다. 한 쌍의 연인은 자신들만으로 충분하고, 두 사람 사이에서 태어나는 아이조차도 그들이 행복해지기 위해 반드시 필요한 것이 아니다."[11]

---

10) Augustine, *City of God*, tr. H. Bettenson, Penguin, 1972, pp. 63~65.
11) S. 프로이트, 김석희 옮김, 『문명 속의 불만』, 열린책들, 1997. p. 285.

에로틱 사랑은 생식을 알지 못한다. 생식은 국사(國事)에 속한다.

플라톤의 에로스는 미(美) 안에 낳는다. 바울의 복음도 낳는다. "그리스도 예수 안에 복음으로써 내가 너희를 낳았음이라"(「고린도전서」 4: 15). 에로스와 복음은 생식력이다.

만일 프로이트의 말대로 "에로스의 목적이 개인을 결합시키고, 가족을 결합시키고, 결국 하나의 커다란 단위로 만드는 것"[12]이라면, 에로스가 수행하는 것은 국가가 바라마지않는 일이다. 에로스의 이 계획에 반대하는 죽음의 충동을 또한 인간이 타고난다면, 그것을 부추기는 악마가 있음에 틀림없다.

과연 시는 악마적인 데가 있다. 오규원은, 시인은 "천국에서도 불온한 꿈을 꾸는 존재"라고 했다.

다음의 인용은 에로스와 에로티시즘의 차이를 보여준다(이 에로스론을 플라톤은 아폴로도스에게서, 아폴로도스는 소크라테스에게서, 소크라테스는 디오티마라는 무당에게서 들은 것으로 되어 있다).[13] "〔에로스의 욕구는〕 육체적으로나 정신적으로 아름다운 것 안에 낳는 것이네." "어째서 낳으려 하나요?" "죽어야 할 존재에게 낳는 것은 곧 영생과 불사를

---

12) 같은 책, pp. 312~13.
13) *Great Dialogues, op.cit.*, p. 101.

의미하기 때문이지." 에로스는 생식·영생·불사의 욕구다. 반면, 에로티시즘은 소멸을 욕구한다.

그러므로 에로스는 에로틱하지 않다. 플라톤의 에로스는 물질을 '넘어서' 관념(이데아)으로 상승한다. 반면, 에로틱 사랑은 물질──니르바나, 죽음의 차원──로 하강한다. '아버지 파르메니데스'를 입버릇처럼 불렀던 존재의 철학자는 시와 사랑 속에 살아서 심장처럼 펄떡이는 무가 두려웠을 것이다.

한편 바울의 아가페는 이웃을 향한 사랑이다. 에로티시즘은 이웃을 알지 못한다(자식조차 잊는데!). 에로스와 아가페는 존재를 향한다. 에로틱 사랑은 무를 향한다.

다음은 플라톤이 놓친 플라톤의 함의이다.

첫째, 플라톤에 의하면, 죽음은 생식의 동기이다. 생식하는 것은, 존재가 죽을 존재이기 때문이다. 생식은 죽음을 거부하는 몸부림인 셈이다. 둘째, 역시 플라톤에 의하면, 죽음은 생식의 절차다. 생식은 새것을 낳고 묵은 것은 퇴장하는 현상이다. 생식은 곧 묵은 것의 죽음이다. 묵은 것과 새것은 연속하기 위해 불연속이 되어야 한다.

존재는 낳고, 그리고 죽는다. 시간적 순서는 그러하다. 그러나 동기의 논리에서 본다면, 죽음이 우선한다. 존재는 죽는다, 그러므로 낳는다. 다시 말해, 존재는 낳기 위해 무를 통과하지 않으면 안 된다. 무는 존재의 모태이다.

존재와 무의 이 기묘한 유희가 존재[14]의 모습이다. 프로이트는 일년 반짜리 아이의 '포트'(사라짐)/ '다'(나타남)의 놀이에 대해 보고한 바 있다.[15] 아이는 존재를 놀고 있었다!

7. 몸과 살

플라톤은 영혼을 세 층위로 나눴다. 이성·용기·욕망. 이에 상응하여 국가도 세 계급으로 나뉜다. 통치자·전사·인민.

정의란, 각 세 쌍의 이들이 더불어 질서를 이루는 것이다 ("정의로운 사람은, 정의로운 국가도, 자기 안의 서로 다른 부분들이 [······] 음정[音程]에 있어서 저음·고음·중음이 조화를 이루듯이 다수가 하나로, 절제와 조화를 이룬다").[16] 시는 이 '질서'를 파괴한다.

시는 영혼을 뒤죽박죽으로 만든다.[17] 쾌락과 고통처럼 서로 섞일 수 없는 것들이 시에 의해 한꺼번에 일깨워진다. 시에 맛들인 영혼은 분열될 수밖에 없다. 그리고 시민의 정신

---

14) 존재에 대해서는 2장 참조.
15) 『쾌락 원칙을 넘어서』, 앞의 책, p. 19.
16) *Great Dialogues, op.cit.*, p. 244.
17) *ibid.*, pp. 403~4.

분열은 국가의 해체를 초래할 위험이 있다. 시인은 보안사범이다.

바울도 질서를 역설한다. "질서 있게 하라"(「고린도전서」 14: 40)가 바울의 모토이다. "권하노니 다 같은 말을 하고 너희 가운데 분쟁이 없이 같은 마음과 같은 뜻으로 온전히 합하라"(1: 10). 방언, 영지, 예언, 기적, 산을 옮길 믿음도 이 기준에 어긋나면 '울리는 꽹과리'(13: 1)에 지나지 않는다.

'몸'은 이 질서의 바울적 표현이다. 그는 몸과 살[肉]을 구분한다. 후자는 전적으로 부정적 개념이다. 살은 썩을 물질이다. "피와 살은 나라를 상속받을 수 없다"(15: 50). 몸은 몸들과 함께 몸——예수 공동체——을 이룬다. 몸은 국가이다.

불트만은 몸의 개념사에 푯대를 세웠다.[18] "인간은 몸을 소유한 것이 아니라 그가 바로 몸이다." 즉 몸은 물질적 육신을 가리키지 않는다. '존재 방식'을 뜻한다.[19] 몸이 '나'다.

그러나 몸과 '나'의 불트만식 동일시는 문제가 있어 보인다. 불트만의 실존주의——자기 실존하고만 관계하는——몸론은 조직가 바울의 면모를 탈각해버린다. 케제만의 해석이 좀더 그럴듯하다.[20] 케제만에 의하면, 바울의 몸은 소통의

---

18) R. 불트만, 허혁 옮김, 『신약성서 신학』, 성광문화사, 1991, pp. 187~98.

19) J. Macquarrie, *An Existentialist Theology*, Pelican, 1973, p. 40.

가능성이다. 바울에게 몸은 인격과 인격, 인격과 세계가 만나는 접촉 지대를 의미한다는 것이다.

그래서, 느닷없는[21] 15장의 죽은 자들의 부활 주장도 엉뚱하지가 않다. 조직가로서 바울은, 몸들로 이루어지는 공동체 없는 구원을 상상할 수 없었다. 그에게 몸 없는 구원은 국민 없는 국가만큼이나 부조리했을 것이다.

연인들은 살과 살을 비비고, 섞는다. 그 사랑은 에로틱하다. '살'을 부정한 사도도 사랑을 노래했다(13: 4~7).

사랑은 오래 참고/온유하며/투기하지 아니하며/자랑하지 아니하며/교만하지 아니하며//무례를 행치 아니하며/자기의 유익을 구치 아니하며/성내지 아니하며/악한 것을 생각지 아니하며//불의를 기뻐하지 아니하며/진리와 함께 기뻐하고//모든 것을 참으며/모든 것을 바라며/모든 것을 견디느니라.

그러나 이 사랑가는 조직가의 관점을 충실히 반영하고 있다. 나열된 내용은 공동체를 세우고 유지하는 데 필요한 덕의 목록이다. 사도에게 사랑은 공동체의 "덕을 세우"(8: 1)고, 구성원을 결속시키는 '끈'(「골로새서」3: 14)이다. 바울

---

20) E. 케제만, 전경연 옮김, 「바울의 성만찬 교의」, 『신의와 성례전』, 한신대 출판부, 1987, pp. 89~97.
21) 「고린도전서」 제15장의 주제는 제1~14장의 그것과 동떨어져 보인다.

의 사랑은 질서에 복무한다.

그리고 바울의 사랑가는 신랄한 반박문이다. 고린토의 예수 공동체에 모종의 불온한 사태가 발생했다. 바울이 겨눴던 적대자의 정체에 대해서는 해석이 분분하다. 영지주의자? 이교에 물든 크리스천? 유랑 예언자들에게 홀린 성령주의자? 바울을 오해한 바울파? 알 수 없다. 그들 자신의 변명을 들을 수 있는 사료는 남아 있지 않다. 우리는 바울의 비판에 비친 네거티브 조각들로부터 미루어 짐작할 수 있을 뿐이다.

아무튼 '황홀한 사람'들이 있었다.

바울은 그들을 '벌써 배부른 자'로 비꼬아 부르고 있다(「고린도전서」 4: 8). 주석에 의하면, 이 말은 '실현된 종말론자'를 지칭한다. 구원이 이미 왔다고 믿는 자들이다. 그래서 한껏 자유를 구가하며 황홀경으로 빠져들었다(14장).

바울은 성적 문란도 꾸짖고 있다. 주목할 것은 '오히려 오만한'(5: 2) 그들의 태도다. 성적 문란이 그들의 영적 자랑(3: 21)과 관련이 있음을 암시하는 대목이다. 영적 해방을 맛본 그들은 성적 해방도 만끽했던 모양이다. 그래서 바울은 성적 문란을 자유의 문제와도 연관시켜 비판하고 있다(6: 12~13). '이미 구원받은' 그들은 살에 관한 규율의 굴레도 벗어났다. 성적 방종은, 살에 대해 강박관념이 없었던 자유인의 자기 표현이었다.

이에, 바울은 조직가로서 반박하고 있다. "모든 것이 가하나 모든 것이 유익한 것은 아니"(10: 23)다. 쓸모가 자유보다 먼저다.

8. 타지 않는 불

정욕에 불타느니 결혼하는 것이 낫다고 바울은 말하고 있다(「고린도전서」 7: 2). 금지보다 더 심한 비하다. 한편 여자는 출산으로 구원을 얻는다고도 한다(「디모데전서」 2: 15). 정욕의 부정과 생식의 축복——그러나 모순은 없다. 정욕은 존재를 녹이고, 생식은 존재를 증가시키는 것이므로(그리고 존재는 증식을 거듭하여 장차 국가를 이룰 것이다).

그러나 소박하게 물을 수 있다. 살 없는 몸, 정욕 없는 생식이 가능할까? 아우구스티누스에 의하면, 가능하다. 제목부터 플라톤의 『국가』를 연상시키는 책 『신국(神國)』에서 그는 말하고 있다. "〔지혜의 기쁨을 사랑하는 사람은〕 가능하다면 정욕 없이 아이를 낳고 싶어하리라."[22] 좀더 현실적이었던 아퀴나스는 부부 행위의 결과로 야기되는 쾌락은 인정했다(그러나 쾌락을 위한 쾌락은 단죄했다).

섹스를 위한 섹스에 대한 비난은 국가의 기원만큼이나 유

---

22) *City of God*, *op.cit.*, p. 577.

구하다. 존재의 낭비인 까닭이다. 섹스가 정당할 수 있는 것은 생식의 질서 내에서만이다. 존재의 낭비는 죄악이다. 존재의 창조주는 존재의 낭비를 용서하지 않았다. 그것이 비록 몇 cc의 물일지라도. 정액을 질 밖에 쏟은 오난은 천벌을 면치 못했다(「창세기」 38: 8~10). 그는 정액 속의 '국민'을 파괴했던 것이다.

교리서는 이 모든 것을 다음과 같이 정식화하고 있다.[23] "혼인의 제1 목적은 자녀를 낳아 기르는 것이고, 제2 목적은 부부가 서로 의지하여 부정한 색을 피하는 것이다." 에로틱 사랑은 제3의 목적조차 못된다. 그것은 피해야 할 '부정한 색'일 뿐(부부 관계에서조차도!)이다.

'즐길 위험'이 있음에도 불구하고, 생식은 계율의 순위에서 일처제(一妻制)보다 우월했다. 국가는 일처를 요구한다(다처로 인한 반목은 국가의 기초를 위태롭게 할 것이다). 그러나 그 요구는 유보될 수 있었다. 인간의 씨가 귀했을 때, 신은 아브라함에게 다처를 허용했다. 우선 낳고 보아야 했던 것이다. "[결혼의] 첫째 목적이 둘째 목적보다 중요하기 때문이다."[24]

생식은 노동이다. 생식은 몸을 생산 도구로 이용한다. 반

---

23) 윤형중, 『상해 천주교 요리』 하, 가톨릭출판사, 1960, p. 367.
24) 같은 책, p. 372.

면, 섹스를 위한 섹스는 몸을 소비한다.

목적에 충실하다면, 생식을 위한 섹스는 몸을 생산 도구로 의식화해야 할 것이다(그리고 파트너는 도구화되는 모욕을 감수해야 한다). "암캐미가 교미를 한 후 이제 쓸모 없게 된 날개를 잃어버리는 것과 같이, 여자도 아이를 한둘 낳고 나서는 자기의 미를 상실한다"[25]고 쇼펜하우어는 썼다. 생식의 철학에서 여자는 생산 도구에 불과하다.

반면, 에로틱 섹스는 절정에 다가갈수록 몸이 쾌락의 도구라는 사실조차 잊는다(드디어는 몸을 의식하는 의식조차 사라진다). 씨받이 여자와 자는 남자라도 절정에 다가갈수록 '목적'은 잊고 힘을 쓰는, 소비하는 데에만 몰두할 것이다.

생식주의 여성론과 공리주의 문학은 상응하는 면이 있다. 전자는 여자를, 후자는 문학을 도구화한다. 그리고 각각의 품위를 저락시킨다. 게다가 시는 본질적으로 여성적이다. 여자는 몸의 구조로서 무(구멍)를 지니고 있는 존재이다. 시도 그러하다.

정액을 목적 외에 소비하는 동물은 시를 쓰는 동물밖에 없다. 존재의 낭비는 유별나게 인간적인 행위이다. 그런 점에서 금욕주의는 동물적인 데가 있다.

---

25) 쇼펜하우어, 곽복록 옮김, 「철학적 소고」, 『잠언』, 동서문화사, 1976, pp. 398~400.

9. 시간 죽이기

망디아르그의 소설 『오토바이』의 주인공 오토바이는 외설적이다. 여주인공 레베카의 성기 밑에서 숨차게 돌아가는 고무 바퀴는 고무 지우개다(그리고 그 바퀴를 돌리는 것은 실린더 속에서 헐떡이는 피스톤의 왕복 운동이다). 레베카가 가속 페달을 밟는다. 오토바이는 세계——주변 풍경——를 지워버린다.

세계를 지우는 에로틱 지우개는 시간도 지운다(세계는 시간의 구조물이다). 성적 오르가슴, 성스런 엑스터시, 시적 도취에서 시간은 블랙홀로 빨려들어가 마침내 사라진다. 절정은 폭(幅)을 갖지 않는다. 절정은 점(點)이다. 있는 것도 아니고 없는 것도 아닌, 존재와 무의 접점, 황홀한 지대이다.

절정은 시간의 간격도 지워버린다. 불꽃——이인성이 말한 '불꽃놀이'——은 시간 감각이 없다. 그래서 칼 바르트의 다음과 같은 말이 내게는 바울보다는 썩 고린토적으로 들린다. "바울이 말하고 16세기 인간〔칼빈〕이 듣는다. 저자와 독자 사이의 대화는 과거와 현재의 구분이 불가능해질 때까지 중심 문제의 주위를 맴돈다."[26]

---

26) K. Barth, *The Epistle to the Romans*, Oxford Univ. Press, 1993, p. 6.

고린토인의 시간은 황홀한 시간이었다. 그들은 성취된 '지금'의 시간을 살았다. 그들은 이드의 신도였다("이드에는 시간 개념이 없다").[27] 고린토의 '지금'의 종말론에 맞서 바울은 '아직 아니'의 종말론을 선포했다(그리스도는 왔지만, 그의 나라는 아직 오지 않았다). 고린토의 현재와 바울의 미래, 그것은 시간들의 싸움이었다.

"일하기 싫으면 먹지도 말라"(「데살로니가후서」 3: 10)는 바울의 근로주의는 이 미래주의의 산물이다(노동은 미래를 대비하는 행위이며, 장차 쓸/쓰일, 아직 없는 것을 생산하는 행위가 아닌가). 미래주의자에게 시간은 노동의 시간이고, 노동은 시간의 노동이다.

시간이 인간에게 고유한 것은 아니다. 개미도 저축을 하고, 식물도 물과 양분을 저장할 줄 안다. 그러나 당장 굶주리며 눈앞의 먹이를 아껴 비축하는 동물은 인간밖에 없다. 반대로 생존을 낭비하는, 시를 쓰는 인간도 자연의 변종이 분명하다. 존재에 대한 인간의 배려는 과대하거나 과소하다.

시와 에로틱 사랑은 존재에 대한 배려를 방기한다. 시는 쓸모가 없다. 반면, 존재를 지탱하고 확장하는 것이 국가가 존재하는 이유와 구실이다.

---

27) S. 프로이트, 임홍빈 외 옮김, 『새로운 정신분석 강의』, 열린책들, 1996, p. 107.

국가는 '미래'를 구실로 뺏고 억누른다. 내일을 위해 오늘은 참고 견디라고 한다. 뿌리는 쓰되 열매는 달다는 것이 착취자들의 금언이다. 그러나 피착취자에게는 '내일'인 것을 착취자는 오늘 누린다. 오늘 누리지 못하는 자는 내일도 누리지 못한다. 내일은 끝없이 연기되는 개념이다. 그들은 그날그날 의미 없이 사는 수밖에 없다.

게다가, 의미 없이 사는 것은 사는 것이 아니라는 이데올로기가 그들을 짓누른다. 그들에게는 그날그날 그럭저럭 허송하는 '자유'마저 허용되지 않는다.

국가는 시간을 통제함으로써 인간을 통제한다. 마르크스는, 노동자가 생활을 재생산하는 데 필요한 시간과 실제 일하는 시간의 차이가 잉여 가치를 만들어낸다고 주장했다. 자본주의는 이 잉여 가치에 의해 지탱되고 굴러간다. 그래서 자본주의에 대한 투쟁은 곧 시간에 대한 투쟁이 된다.

그러나 시간적 존재 ― 미래를 앞당겨 사는 ― 인 인간은 시간의 지배를 피할 수 없다. 중세 농민들도 시간 계측을 투쟁의 대상으로 삼았다.[28] 그들에게 시간을 알리는 종소리, 나팔 소리, 각적(角笛) 소리는 노예 감독관이 휘두르는 채찍 소리처럼 울렸다.

---

28) 자크 르 고프, 유희수 옮김, 『서양 중세 문명』, 문학과지성사, 1992, p. 214.

발터 벤야민은 대혁명의 첫날밤에 있었던 이상한 사건에 대해 언급하고 있다. "파리의 여러 곳에서 상호간에 아무런 관련도 없이 독자적으로 그리고 동시에 시계탑에 총격이 가해졌다."[29)]

그것은 외설적 사건(에로틱 사랑에서 시간은 정지하고 사라진다)이었다. 시계를 저격하는 것은 미래와, 그리고 존재의 기구들——국가·법률·제도 등등——을 죽이는 것이다. 시간은 기술의 진보, 자연의 정복, 사회의 발전 등 존재의 지속과 확장을 의미하는 까닭이다.

이 문명 속에서 시는 시간의 틈새로 인식된다. 시는 노동을 하는 짬짬이 마시는 '차나 한잔'이다. 노동력의 재생산을 위한 피로 회복제가 될 수 있다는 점에서 이 기호품——필수품이 아님——의 '유용성'을 인정할 수 있다. 그러나 그것의 위험성 또한 간과할 수 없다. 시에 있어서 죽음의 충동은 늘 영원한 휴식을 요구하기 때문이다.

10. 얼빠진, 얼 빼는

시는 미래를 잊는다. 시의 시간은 '꽉 찬 지금'이다. 미래

---

29) 반성완 옮김, 『발터 벤야민의 문예이론』, 민음사, 1983, pp. 353~54.

가 잊혀지면, 세계 전망도 사라진다. 그리고 세계가 사라지면, '나'도 지워진다. 시는 무의 바다로 빠지는 것이다. 거기서 우리가 맛보는 것은 황홀한 익사이다.

그래서 시에는 역사가 없다. 이것이 시가 '이야기'되지 않는 이유이다. 역사란, 과거와 현재와 미래가 하나의 줄거리 위에 놓이는 '이야기'이다.[30]

역사 쓰기의 기본 도식은 단순하다. ……했으므로 ……할 것이다(……해야 한다), 또는 ……할 것이므로(……해야 하므로) ……했을 것이다(미래를 기억하고 과거를 상상한다). 불러낸 사건들은 이런 식으로 기술된다. "왕이 죽고, 뒤이어 왕비가 죽었다. 슬픔 때문에." 역사 이야기는 시간을 인과(因果)의 사슬에 꿰맞춰 엮는다.

그리하여 역사는 통일성과 일관성을 얻는다(일사불란해진다). 꿰어지지 않는 나머지 사실들은 무의미한 우연사로 치부된다. 그 결과 존재가 지배 가능한 것이 된다. 인과의 절차를 장악하면 결과를 지배할 수가 있다. 역사는 마술적이다(마술이란, 한마디로, 원인을 조작함으로써 결과를 지배하는 기술이다).

이런 까닭에 자고이래 역사는 국가의 소관이었다. 존재를

---

30) 소설의 '지체하는 묘사'—서술을 불필요하게 늘이는—는 '현재'를 즐김이다. 묘사가 제자리를 맴도는 '자체'도 일종의 시적 현상으로 볼 수 있을 것이다.

유지 확장할 사명을 띤 국가는 존재의 유래를 기억하고 앞으로의 방향을 계산해야 한다. 그리하여 현재는 필연적·당위적인 것이 된다. 현재의 지배 체제가 운명이 되는 것이다. 이것이 국가가 역사를 쓰고 보전하는 데 그토록 열심인 이유이다.

역사가와 가장 비역사적 — 혹은 초역사적 — 인 철학자는 어느 점에서 상통한다. 철학자와 역사가는 모두 질서를 세우는 사람들이다. 플라톤이 보편적 이데아를 추구했던 데에는 이유가 있다. 만인의 동의 위에 세워진 국가는 가장 튼튼할 것이다. 반면, 억견은 다른 억견들과 충돌할 수 있다(국가가 분열된다). 사물 낱낱, 사물 모두, 사물 자체, 그 사다리 끝의 이데아는 국가적 요구에 부응한다. 추상화·질서화는 통치하기 위해 필요불가결한 절차이다.

반면, 시인의 입에서 나오는 황홀한 언어는 변덕스런 영의 말이다. 얼빠진, 그리고 얼을 빼는 말이다.

단테는 기막힌 사실을 말하기 위해 때때로 뮤즈를 불러내고 있다. 그리스 시문학의 전통을 이은 것이다. "오 여신이여, 아킬레스의 노여움을 노래하라"고 부르짖으며 『일리아드』는 시작된다. 『오디세이아』도 같다. "뮤즈들이여, 세상을 무수히 편력한 그 사나이의 행적을 말해주오."

이로써 시인의 이야기는 신적·시적 진리가 된다. 황홀경에서는 시간의 구분이 사라지고, 과거와 미래의 사건은 현재의 사건, 영원한 사건이 된다. 이 무시간성 때문에 시인은 과거의 숨겨진 비밀을 이야기하고, 아직 닥치지 않은 일을 미리 말할 수가 있는 것이다.

역사는 그럴 수 없다. 역사가에게 과거는 거리를 두고 바라보아야 하는 풍경화이다. 진실과 허위는 객관적으로 다뤘는가에 따라 판가름된다. '이미' 없는 것, '아직' 없는 것을 현재화하는 것은 환상이다. 환상은 이성과 이웃할 수 없다. 시인은 추방되어 마땅하다.

11. 구멍

에로티시즘은 죽음까지 파고드는 삶이라고 바타유가 말했을 때, 그는 사실을 말한 것이다('어떻게'는 말하지 않았다). 하이데거는 앞질러 '죽음을 사는' 현존재에 대해 말했다. 그러나 그는 섹스에 대해 한 마디도 언급하지 않았다.

상상하는 동물인 인간은 시간을 지워버릴 수 있다(시간은 상상력의 산물이다). 시가 상상적인 그만큼 에로틱 사랑도 상상적이다. 시와 에로틱 사랑은 죽음을 미리 맛본다. 생식만을 목적으로 하는 동물의 그것과 달리 유독 인간만이 성행위를 에로틱 사랑으로 승화시킬 수 있었다. 그것은 인간이 시를 쓰고 죽음을 미리 맛보는 기형의 뇌를 가졌기 때문이다.

철학이 성을 무시—혹은 죄악시—한 것은, 그것의 무화하는 작용을 수상쩍게 보았기 때문이다. 에로틱 사랑은 국가 건설에 바쳐야 할 에너지를 녹여버리는 용광로와 같다. 국가의 수호자들에게 에로틱 사랑은 낭비적일 뿐 아니라 불온한 것이다.

무화하는 에로틱 사랑은 굉장한 정치적 의미를 띨 수 있다. 자고이래 남근은 '있음'의 존재론적 우월성과 국가의 권력 의지를 상징한다. 이 상징성이 질(膣)이라는 무의 용광로에 빠져 맥없이 녹아버리는 것이다.

사르트르는 여자의 성기를 입—탐욕스런 입—으로 묘사하고 있다. 게다가 그것은 음경을 베어 삼키는 '이빨 난 구멍'이다. 남자의 거세 콤플렉스도 이 구멍의 존재론적 구조에 기인한다고 사르트르는 설명하고 있다. 그에 의하면, 사디즘은 이 거세 공포의 표현이다(공포는 공격의 뒷면이다). 그러나 틀렸다.

남녀는 공히 무화를 수행한다. 남자와 여자는 서로를 무로 만들면서 스스로를 무화시킨다.

사르트르의 오류는, 그가 무를 존재하지 '않는,' 즉 존재가 결여된, 존재에 의존하는 것으로 본 데 있다. 그러나 가령 금반지의 구멍은 무의 기관인 여자의 구멍의 유비가 될 수 없다. 금반지의 가치는 금에 있다. 금반지의 구멍은 금을 손가락에 끼우기 위한 수단에 지나지 않는다. 고객의 눈을 홀리는 것은 금이지 구멍이 아니다.

여자의 구멍은 다르다. 남자를 흥분시키는 것은 구멍 자체이다. 기교 있는 여자라면 구멍을 싸고 있는 육괴(肉塊)를 묘하게 요동쳐 흥분을 고조시킬 것이다. 그러나 이때도 출렁이는 것은 구멍 자체이다. 그것은 무의 황홀한 무도(舞蹈)이다.

사르트르는 황홀을 잘못 알았다. 그래서 구멍의 존재론적 의미도 오해할 수밖에 없었다. 그는 황홀을 대상의 전적인 현전을 대하는 비조정적(非措定的) 의식의 상태로 보았다.[31] 정작 황홀은 의식이, 따라서 존재도, 이 무 속으로 녹아버리는 것이다.

사르트르의 현란한 현상학을 잠깐 들여다보자.[32] "여자의 성기의 음란성은 입을 벌린 모든 물건들의 음란성이다. 그것은 다른 모든 구멍과 마찬가지로 하나의 '존재의 부름'이다. 여자는 침입과 용해에 의해서 자기를 존재 충실로 변형시켜 주게 될 하나의 외부적 육체를 부르는 것이다. […] 왜냐하면 바로 여자는 '구멍이 뚫려 있기' 때문이다." 요컨대, 여자의 구멍은 존재가 결여된 것이며, 섹스는 그것을 메워 존

---

31) 손우성 옮김, 『존재와 무』 I, 삼성출판사, 1992, pp. 328~29.
32) 같은 책 II, p. 443.

재를 충실케 만드는 행위라는 것이다.

그러나 남자의 성기가 그 음습한 구멍을 찾아 들어가는 것은, 기원의 동굴이며 쾌락의 샘인 그곳을 무의 기관으로 만듦으로써 마침내 자신의 무화를 도모하는 행위이다.

그 이전까지, 구멍은 아직 무로 가는 동굴의 입구에 불과하다. 교합이 성공적으로 진행되면서 비로소 구멍은 무의 기관으로 변해간다. 그것의 실패——무에 이르지 못하고 불완전 연소된 존재의 찌꺼기가 남는 경우——는 성적 불만의 원인이 된다.

사르트르는 구멍을 소극적으로밖에 이해하지 못했다. 그래서 시적 언어를 제대로 평가할 수 없었다.

12. 무로부터의 창조

플라톤에게 진리는 '상기'되는 것이다. 영혼은 육신 속으로 스며들기 전부터 이데아를 관조하고 있었다. 진리는 이미 있었고, 언제나 있다. 지식은 그것을 기억해낼 뿐이다. 스승의 상기설로부터 아리스토텔레스의 모순율까지는 직선 거리이다. 진리가 있다면, 그것과 모순되는 것은 비진리일 수밖에 없다.

그러나 무의 영역에서 모순율은 힘을 쓸 수 없다. 모순은 어떤 있는 것에 대한 모순이다. 있음이 없으면 모순은 등을 비빌 언덕이 없다. 모순율을 적용하려면 뭔가가 있어야 한다. 무의 논리는 모순과 역설에 빠지는 것을 개의치 않는다.

플라톤이 거짓말을 한다고 비난했던 시인들은 이 역설과 더불어 노는 자들이다. 시인은 목적 없음, 이유 없음——목적과 이유를 정당화하는 것은 존재이다——을 즐기는 불한당들이다.

그러나 이들이 불한당이 된 것은 이성——존재의 언어——이 '진리'를 독점하고 나서부터이다. 그 이후로 시인은 무의 신민, 어둠의 자식들이 되었다. 그들은 무로부터 창조하는 자들이다. 시인은 신을 닮았다(신이 시인을 닮았거나).

시적 들림〔憑〕을 이해할 수 없었던 플라톤은 '무로부터의 창조'를 상상할 수 없었다. '무로부터의 창조'란 신적 자유를 의미한다. 반면, 플라톤에게 창조는 혼돈에 질서를 부여하는 것이다(경찰 행위를 연상시킨다). 질서의 설계도——창조의 목적과 이유——는 이데아 안에 미리 작성되어 있다. 창조는 이데아를 베껴야 한다. 창조는 합목적적이고, 필연적이다. 플라톤의 창조는 자유롭지 않다.

'무로부터의 창조'만이 자유롭다. 무로부터 창조하는 창조주의 본성은 "〔무한한 지성뿐 아니라〕 무한한 의지이며, 그 의지는 자유"[33]일 것이다. 단, 자유로운 신이 의욕하는 것은 선일 수밖에 없다고 아퀴나스는 덧붙이고 있다. 그러나 "선이 신에게 필연적인 것은 아니"라는 단서를 다는 것을 그는 잊지 않았다. 이 단서가 없다면 신은 자유가 아닐 것이다.

'무로부터의 창조'는 이유도 없고 목적도 없다(있다면, '무로부터'가 아닐 것이다). 무로부터 창조하는 창조주에 가장 가까운 유비는 공깃돌을 가지고 노는 어린이일 것이다 ("세계의 과정은 돌을 놓으며 놀고 있는 어린이이다. 그것은 어린이의 왕국이다").[34]

시가 이상으로 삼는 것은 이 '무로부터의 창조'이다.

주전자는 존재하는 주전자이다. 예술가는 주전자를 거꾸로 세움으로써 그것의 기(既) 존재성을 무화——무효화——시킨다. 그리고 코끼리가 창조된다. 그러나 주전자와 코끼리는 서로 필연성이 없다. 주전자가 거꾸로 세워지는 순간 그것이 무엇이 될지 예정된 것은 아무것도 없다. 우리는 영의 출발점 위에 선다. 그 앞에는 무한한 개방성, 무가 펼쳐져 있다.[35]

---

33) F. Coplestone, A History of Philosophy, vol. 2, part 2, Image, 1962, p. 84.
34) 헤라클레이토스 단편 52.
35) 이것이 롤랑 바르트가 "예술 사진만 빼놓고, 모든 사진이 예술에 속한다"고 말한 뜻일 것이다.「사진에 관하여」,『작가세계』1999년 봄호, p. 476. 소위 예술 사진은 '작품'——작가의 의도로 만들어진——이다. 그러나 사진은 피사체가 그때, 그 자리에, 그 모습으로 있는 것이 '우연'——무의 농간——인 것으로 양해되는 장르이다. 그 점에서 사진은 무로부터 창조적, 즉 예술적이다. 졸고,「사진과 은총」,『천사의 풍문』, 탐라목석원, 1999, p. 68~70.

카뮈는 그것을 '부조리'라고 불렀다. 뫼르소의 살인은 부조리하다. '태양 때문에'라는 동기는 당치않다. 그것은 하나의 동기가 될 수 없다. 태양이 동기가 될 수 있다면, 동기는 무한할 것이다. 무한히 많은 것은 없는 거나 같다. '태양 때문에'는 '동기 없음'이다.

그러므로 방아쇠를 당긴 것은 뫼르소가 아니라, 무다. 무의 무한 개방성이 '태양 때문에'라는 동기 아닌 동기의 함의이다. 그래서 『이방인』의 살인은 시적이다.

그 살인이 정당한가 하는 것은 시와 상관없는 질문이다. 시는 거기에 대답할 책임이 없다. 책임을 따지는 것은 국가의 소관이다. 국가는 노파와 같다. 존재하는 사사건건에 대해 간섭하는 국가의 노파심보다 시심으로부터 더 먼 것은 없을 것이다. 시는 무책임하다. "문학은 악의 표현"[36]이라는 경구는 터무니없지 않다.

13. 실패 놀이

그것은 무서운 통찰이다. 그러나 바타유는 거기서 멈췄다. 그는 악의 본질을 논하지 않았다. 그래서 시의 존재론적 차

---

36) G. 바타유, 최윤정 옮김, 『문학과 악』, 민음사, 1995, p. 12.

원을 전개할 수 없었다.

악은 존재하지 않는다. 아우구스티누스에 의하면, 존재하는 모든 것은 선하다. 존재와 선은 환치 가능한 범주("신은 무엇 때문에 그것들을 만드셨는가? 존재하게 하시려고 만드셨다. 존재는 아무리 하찮은 것이라도 선하다. 최고선[善]이 최고유[有]이기 때문이다. 무엇에서 만드셨는가? 무에서 만드셨다")이다.[37]

악은 무엇인가? 악은, 만일 존재한다면, 선의 결핍으로이다. 악은, 존재하지 않음으로 존재하는 역설적인 존재("악은 그 어떤 실체도 아니기 때문")이다.[38]

'악'이라는 다분히 선정적인 윤리 범주보다 프로이트의 용어가 문학의 본질——무——과 생생히 대면케 해준다.

프로이트는 창조적 작가의 몽상을 어린이의 놀이에서 찾았다.[39] 죽음의 충동을 다룬 다른 논문(「쾌락 원칙을 넘어서」)의 서두에서 그는 한 아이의 놀이를 소개하고 있다.

프로이트의 아이는 실패에 감긴 실을 잡고 커튼이 쳐진 침대 가장자리로 그것을 내던진다. 커튼 뒤로 실패가 사라지면 아이는 '오오오오' 소리(프로이트는 만족의 표현이라고 적고

---

37) 아우구스티누스, 성염 옮김, 『참된 종교』, 분도출판사, 1989, p. 81.
38) 같은 책, p. 85.
39) S. 프로이트, 정장진 옮김, 『창조적인 작가와 몽상』, 열린책들, 1996, p. 82.

있다)를 냈다. 그리고 다시 실을 당겨 실패가 나타나면 즐거운 듯 '다'라고 소리친다. "그것은 사라짐과 돌아옴의 완벽한 놀이였다."

프로이트는 이 반복 충동으로부터 죽음의 충동을 추론해 냈다. 죽음의 충동은 니르바나로 회귀하려는 욕동이다.

니르바나에서 삶은 휴식한다. 휴식은 즐겁다. 니르바나는 쾌락 원칙에 부응한다(죽음의 충동은 쾌락 원칙 '가운데' 있다). 그러나 또한 누구나 살고 싶어한다. 니르바나는 이 삶을 부정한다. 따라서 니르바나를 원하는 것은 당착적이다(죽음의 충동은 쾌락 원칙을 '넘어서' 있다). 죽음의 충동이 쾌락 원칙의 가운데/넘어서 존재하는 이 이율배반은 어찌된 영문인가?

'반복 강박'의 '강박'에 대답의 암시가 있다. 실패 놀이는 엄마의 존재를 지우고, 지워진 엄마를 다시 불러내는 놀이이다. 문제는 엄마가 사라지는 것을 아이가 '즐긴다'는 사실이다. 그런데 엄마는 쾌락을 주는 존재가 아닌가. 엄마의 부재를 '즐기는' 아이의 행동은 쾌락 원칙에 어긋난다. 그것은 모종의 강박성을 띤 짓으로밖에 달리 설명될 수 없는 것처럼 보인다.

그러나 강박을 즐긴다? 고통을 즐기는, 쾌락 원칙을 '넘어서' 인간을 꼬드기는 악마적인 무엇이 있음이 틀림없다. 프로이트는 그것을 '죽음의 충동'이라고 불렀다.

그러나 강박과 충동을 나란히 놓는 것은 뭔가 어색해 보인다. 강박은 외부로부터 가해지고, 충동은 타고나는 것이 아닌가. 강박성을 띤 죽음의 충동은 후천적인 것일 공산이 크다.

프로이트 자신도 흔들리고 있다. 반복 강박은 상처난 정신이 그 상황을 다시 살아보는 사후 적응 행위로, 죽음의 충동은 근원으로 회귀하려는 생명체의 내재적 발동으로 말해지고 있기 때문이다.

게다가, 죽음의 충동은 에로스와 나란히 발견되는 충동인가 하면(이렇게 되면 죽음의 충동은 문명과 불화를 피할 수 없다. 문명은 에로스가 봉사하는 하나의 과정이기 때문이다), 문명에 의해 왜곡된 충동인 것처럼도 보인다.

마르쿠제와 프롬——서로는 안 좋은 사이지만——은 후자 쪽에 서 있다. 전자는 죽음의 충동이 에로스로 흡수되는 억압 없는 문명에 대해 말하고, 후자는 죽음의 충동을 '파괴적 도피의 메커니즘'이라는 사회심리학적 개념으로 수정하고 있다.

그러나 바타유의 설명도 있다. "인간은 두 가지 목적을 추구한다. 하나는 소극적으로 생을 극복하려는 것이고, 나머지 하나는 적극적인 것으로 생의 강렬함을 더해가는 것이다. 이 두 가지 목적은 상반되지 않는다. 그러나 강렬함은 위험 부담 없이는 더해지지 않는다."[40]

마르쿠제와 프롬은 카프카는 알았던 이 '죽음과 쾌락의 공모성'[41]을 알지 못했다.

그것이 성적 기원 때문에 반복하는 것인지, 아니면 반복하는 쾌감 때문에 성적 성질을 띠게 되는 것인지를 나는 단정할 수 없다. 그러나 이것만은 말할 수 있다. 구멍이 쾌락의 샘이 될 수 있는 것은 그것이 무의 구멍이기 때문이다. 쾌락이 무화시키는 경험이 아니라면 무엇이겠는가.

스트립 댄서의 성기를 가린 아슬아슬한 천 조각은, 감춤으로써 그 너머를 집요하게 지시한다. 그래서 더욱 요염하다. 그 요염함은 강박과 쾌감으로 이루어진다. 문학도 보여주면서 감추고, 감춤으로써 보여준다. 그것은 도색적이다. 그것은 존재와 무의 유희, 저 실패 놀이이다.

14. 니르바나

죽음의 충동은, "살아 있는 것을 더 큰 단위로 뭉치게 하는," 나의 표현으로는 '국가'를 이루려는 충동, 에로스의 이전으로 돌아가려는 충동이다. 이 충동은 양가적이다. 그것은

---

40) 『문학과 악』, 앞의 책, p. 81.
41) 같은 책, p. 184.

행복의 추구와 삶을 파괴하려는 충동——그 두 가지는 비유기적 상태로 돌아감으로써 이루어지는 것인데——을 동시에 의미한다.

이 양가성은 시적이다. 가령 죽음에 대한 엘리엇의 태도는 양가적이다. 「황무지」의 서두에서, 항아리 속에 매달린 채 죽지 못해 사는 쿠마의 늙은 무녀는 "나는 죽고 싶다"며 웅얼거리고 있다. 이때 죽음은 죽음과 재생을 모두 의미한다.

'어둠'도 양가적이다. 엘리엇의 상징 체계에서 어둠은 빛의 중심에 가장 가까이 놓인다. 위대한 신비가들에게 어둠은 영혼의 절망과 동시에 황홀을 의미한다.

그러나 두 종류의 죽음, 두 종류의 어둠이 있다고 말하는 것은 경험을 왜곡하는 것이다. 하나의 리비도가 있을 뿐이기 때문이다.[42] 죽음의 충동과 에로틱 충동은 이 하나의 뿌리에서 뻗은 두 개의 가지로 보아야 할 것이다. 설렘과 두려움 없이 초야를 맞을 신부가 있을 것인가.

사르트르의 밀회하는 여자의 '불성실한' 태도[43] 역시 이 설렘과 두려움의 표현일 것이다.

"바로 이때 남자가 그녀의 손을 잡는다. 〔……〕 이 손을 남자에게 맡겨버리면 그것은 자기가 불장난에 동의하는 결

---

42) 『새로운 정신분석 강의』, 앞의 책, p. 187.
43) 『존재와 무』 I, 앞의 책, pp. 158~60.

과가 될 것이다. 손을 뿌리친다면 그것은 이 순간의 몽롱한 매력을 부수는 결과가 된다. 결단의 순간을 될수록 멀리 미루는 일이 긴요하다. 〔……〕 여자는 손을 그대로 둔다. 그러나 자기가 손을 그대로 둔다는 것을 '알아차리지 않는다.' 〔……〕 이 손은 동의하는 것도 아니고 저항하는 것도 아닌, 하나의 사물이다."

그러나, 사르트르의 관점과 달리 정작 그녀가 손을 뿌리치지 못하는 것은 쾌락의 유혹이 너무나 달콤하기 때문일 것이다. 그 달콤한 유혹이 동시에 그녀를 두렵게 만든다. 쾌락의 끝이 '죽음'이라는 것을 그녀는 어렴풋 알고 있다. 여자는 죽음의 충동에 이끌리며 저항하고, 저항하며 이끌린다. 그녀의 손은 쉬고 있는 것이 아니다. 실은 바쁘게 왕복하고 있는 것(다만 너무나 바삐 움직여서 '사물처럼' 보이는 것)이다.

마르쿠제도 죽음의 충동을 오해했다. 그는 죽음의 충동을 고통과 결핍으로부터의 무의식적 도피라고 보았다.[44] 그럴 경우 죽음의 충동은 파생적인 것이 된다. 상수(常數)는 에로스이고, 죽음의 충동은 부정된 에로스라는 존재성과 의미밖에 갖지 않는다.

반면, 프로이트의 그것은 포지티브──긍정적·적극적·보수적──의 개념이다. 죽음의 충동이 삶의 원칙보다 더 근

---

44) H. 마르쿠제, 김인환 옮김, 『에로스와 문명』, 나남, 1989, p. 40.

원적이라는 암시도 있다. 회귀어가 '죽기 위해' 태어난 원천으로 돌아가는 현상으로 죽음의 충동을 설명한 대목이 그것이다.[45] 프로이트는, 십중팔구 뜻을 모른 채, 니르바나의 본질을 적중시키고 있다. 니르바나는, 본래의 뜻에서, 삶의 진리이다.

 진리 안에서 연원과 목표는 원환을 이룬다. 죽음은 삶이 거기서 연원하고, 거기로 향하는 곳이다. "그 목표는 '옛' 상태, 즉 과거 어느 지점에서 생명체가 떨어져나왔고 또 지금까지 발전해나온 길을 굽이굽이 거슬러 돌아가려고 하고 있는 어떤 처음의 상태에 있음이 틀림없다. 살아 있는 모든 것은 '내적인' 이유로 인해서 죽는다——다시 무기물이 된다——는 것을 하나의 진리로 받아들인다면, 우리는 "모든 생명체의 목적은 죽음이다"라고 말하고 또 뒤를 돌아보며 "무생물체가 생물체보다 먼저 존재했다"고 말하지 않을 수 없을 것이다."[46]

 다시 무기물이 되는 것, 다섯 원소——불교에서 말하는 5대 원소, 흙·물·불·바람·공간——로 돌아가 흩어지고 공이 되는 것, 이것이 죽음의 충동과 니르바나가 말하는 삶의 진리이다.

---

45) 『쾌락 원칙을 넘어서』, 앞의 책, p. 51.
46) 같은 책, p. 53.

탄트라는 이 진리를 에로티시즘과 결부시킨다. '교합 요가'는 니르바나에 이르는 어엿한 수행법(修行法)이다. 니르바나와 에로틱 사랑, 거기서 존재와 의식은 소멸한다.

그리고 모든 신비주의는 탄트라적이다. 아빌라의 테레사는 그녀의 자서전에서 에로틱 니르바나 체험을 생생히 증언하고 있다. "황홀경이 닥칠 때 육신은 마치 죽은 것같이 되며 〔……〕 아무것도 보이지 않고 들리지 않고 느끼지도 못한다." "가슴 한복판에 화살 하나가 꽂혀 심장이 꿰뚫린다. 〔……〕 이 고통은 너무나도 감미로워 이승의 온갖 즐거움보다 더 큰 기쁨을 준다. 전에 말한 대로 그의 소망은 이 상처로 죽었으면 하는 것이다."[47]

어떤 호색 문학도 관능의 절정을 이보다 더 잘 표현할 수 없을 것이다. 그러나 이것은 종교적 신비 체험이다. 그러나 또한 거기에 나타난 관능적 기쁨, 죽음 본능, 무에의 의지를 간과하면, 성녀가 체험했던 신비의 강도를 제대로 음미할 수 없다. 이 모든 것이 어울려서 황홀한 화염을 만들고 있기 때문이다.

그리고 이 신비주의의 절정에 에크하르트의 명제가 놓인다. "신은 무다." 이 가톨릭 신비가가 말하는 무와 니르바나

---

47) 서울 가르멜수도원 옮김, 『아빌라의 성녀 예수 테레사의 자서전』, 분도출판사, 1984, pp. 186, 283.

의 차이를 나는 알 수 없다.

15. 바람의 영

시, 오르가슴, 엑스터시, 죽음의 충동…… 이것들의 손가락은 모두 하나의 지점을 가리킨다. 무.

무는 '경험'으로부터 귀납할 수 없다. 도대체 무는, 존재와 더불어, 경험의 최상위 범주이기 때문이다. 무는 표현할 수도 없다. 무를 말하는 것은 언어가 언어를 삼키는 역설이 될 수밖에 없다. 중세 연금술사들이 상상했던, 자기 꼬리를 잘라먹는 '우로보로스' 뱀처럼.

그러나 귀납할 수 없다는 것이 경험할 수 없다는 뜻은 아니다. 우리는 무를 만난다. 이때 무는 우리 앞에 마치 존재자처럼 존재한다(경험적 현상도 언어로 옮기면 종종 모순처럼 보인다. 그래서 다음과 같은 비판도 나올 수 있다. "하이데거와 사르트르는 무에 대한 모종의 그림을 갖고 있다. 퉁명스럽게 말해 그들은 무를 어떤 존재나 실재처럼 그린다. 사르트르는 무가 어디서 오느냐고 묻고, 무에 부딪친다든가 무에 싸여 있다고 말한다. 이런 식으로 말하는 것은 사물이나 실체에만 가능하다").[48]

무의 현상들이 있다. 가령 영의 활동은 무——무근거——

의 사건으로 묘사된다. "바람이 불고 싶은 대로 불매 소리를 들어도 어디서 오며 어디로 가는지 알지 못하나니 성령으로 난 사람은 다 이러하니라"(「요한복음」 3: 8).

영과 시인은 무의 공간에서 활동한다(위의 성구를 다음 문장과 비교해보면 흥미롭다. "예술 작품을 만드는 것은 우리가 보통 '만든다'고 할 때의 의미와 거의 공통점이 없다. 그것은 만드는 사람 자신도 실제로 다 만들 때까지는 자기가 무엇을 만들고 있는지 전혀 알 수 없는 이상하고 모험적인 일이다").[49]

논리학·수사학·형법·주술은 생각보다 서로 멀지 않다. 이것들이 하는 일은 혹은 확인하고, 혹은 설득하고, 혹은 위협하고, 혹은 조작함으로써 '사실' 앞에 굴복시키는 것이다. 반면, 영과 시는 '사실'을 무효화한다(「마태복음」 3: 11은 '성령과 불의 세례'를 말하고 있다. 영은 기존의 모든 존재를 태워버리는 불이다. 덧붙이자면, 물 세례는 익사를 상징한다).

존재의 질서에서 풀려난 영의 사건들로 인하여 온갖 터무니없는 일들——합리적으로 설명할 수 없는——이 다 가능해진다(무가 활동하기 시작한다). 맨손으로 사자를 찢어 죽이고, 지팡이로 바다를 가르고, 처녀가 아이를 낳고, 죽은 자를

---

48) 조지 피처, 박영식 옮김, 『비트겐슈타인의 철학』, 서광사, 1988. p. 226.
49) H. W. Janson, *History of Art*, Abrams, 1970, p. 10.

다시 살리고(부활의 영은 무화시키는 영이다. 태어난 자는 죽고, 죽은 자는 다시 살지 않는다. 이것이 존재의 법칙이다. 영은 이 법칙을 무시한다), 일곱 번씩 일흔 번 용서하는 등등.

영은 이유 없이 용서하고, 이유 없이 죽인다. 사울이 노획한 아마렉의 짐승과 왕을 살려둔 데에는 이유가 있었다(「사무엘상서」 제15장). 전자는 제물을 쓰기 위해(종교적 이유), 후자는 전쟁의 악순환을 막기 위해(정치적 이유). 그러나 야훼의 영은 살아 있는 것은 다 죽이라고 명하고 있다. 이유는 없었다(뫼르소의 살인!).

영의 바람은 이유 없이 분다. 영은 자유이기 때문이다(「고린도후서」 3: 7). 도덕률조차도 이 자유를 방해할 수 없다. 이것이 바울이 율법에 맞서 싸웠던 이유였다(바울은 영의 신학자였다.[50] 시인을 내쫓은 플라톤이 천부적인 시인이었듯이, 조직가 바울은 또한 영의 사람이었다. 그는 들려〔憑〕셋째 하늘〔三層天〕까지 올라갔던 사람이다).

---

50) P. Tillich, *Systematic Theology* III, Chicago Univ. Press, 1976, p. 116.

1장을 마치며

죽음의 억양은 시대에 따라 강약이 달라질 수 있다.[51] 그렇다고 죽음의 보편성이 부정되는 것은 아니다. 오히려 죽음을 망각하고 지낼 수 있는 시대야말로 별난 시대일 것이다.

문학과 죽음의 본질적인 연관성을 발터 벤야민은 알았다. 그는 "죽음은 얘기꾼이 보고할 수 있는 모든 것에 대한 인준을 뜻한다"[52]고 썼던 사람이다.

그리고 그의 말처럼 오늘날(벤야민의 '오늘날'의 문제성은 우리의 오늘날 훨씬 더 심화되었다) 죽음의 퇴조는 문학의 본질적인 위기를 의미하고 있다(위태로워진 것은 '이야기' 장르만이 아니다). 죽음의 퇴조는 '죽을 존재'인 우리들이 죽음이 열어 보여주는 무의 심연──이것이 아니라면 죽음은 대수로운 게 아닐 것이다──과 직면하는 능력의 퇴조를 의미하기 때문이다.

죽음을 지나치게 의식해 마비를 일으키는 사람도 있다. 무의 심연 앞에서 그만 얼어붙는 것이다. 그들은 민감한 사람이다. 그러나 오늘날 사람들은 선(先) 마비되어 후(後) 죽음

---

51) L. 골드만, 황태연 옮김, 『루카치와 하이데거』, 까치, 1977, p. 155.
52) 『발터 벤야민의 문예이론』, 앞의 책, p. 178.

을 직시할 수 없는 것처럼 보인다. 그런데 마비를 푸는 것, 이것이 문학이 하는 일이다.

그러나 그것은 쳇바퀴 논리가 아닌가? 죽음의 퇴조로 인해 위기에 처한 문학에게 다시 죽음을 불러내라고 주문하는 것은, 마치 늪에 빠진 자에게 제 머리칼을 잡아당겨 스스로 빠져나오라는 말과 같지 않은가?

그 말이 맞다. 문학은 스스로 구제할 수 없다. 늪에 빠진 문학을 구출하는 것은 죽음이다. 죽음에게는 그럴 능력이 있다. 죽음은 불사이기 때문이다. 문학은 죽음의 충동을 일깨울 수 있을 뿐이다. 그러면 우리는 깨닫는다. 죽음은 몸을 숨기고 우리보다 더 가까이 우리와 늘 함께 있다는 것을.

2장 존재와 무[1]

 죽도록 하는 섹스도 바탕에는 죽지 않는다는 의식 ——혹은 무의식——이 깔려 있다. 그것이 없다면, 기쁨은 당장 공포로 바뀔 것이다. 그러나 이 존재 의식은 국가의 의식처럼 명료하지 않다. 에로틱 의식은 암매하다. 명료한 의식은 쾌락에 방해가 될 뿐이다.

 존재도 무도 아닌, 존재와 무를 아우르는 존재 체험이 있다. "나는 산 것도 아니었고/죽은 것도 아니었고/아무것도 인식할 수 없었다/다만 빛의 한복판, 그/고요를 들여다보았

---

1) 이 글의 초고를 검토한 정과리는 우선 두 가지 문제점을 지적해주었다. 그 하나는 1장과 2장 사이에 단절이 있다는 것이고, 다른 하나는 나의 아이디어를 갖고는 일반론——일반적 작동 원리——으로 만들기가 어려울 것 같다는 것이다. 동의한다. 고백컨대, 실은 이 2장이 1장에 앞서 씌어졌다. 그 사이에 놓인 시간 동은 프로이트를 읽었고, 그것이 나로 하여금 생각을 '살'——죽음의 충동, 무에의 의지——로 밀어붙이게 했을 것이다(2장의 주제어인 존재가 1장에 거의 나오지 않는 것도 그 때문이다). 두번째 지적과 관련해서는 나 자신도 확신할 수 없다. 앞으로 내가 붙들고 씨름해야 할 과제이다.

을 뿐이다"(T. S. 엘리엇, 「황무지」). 그 체험은 신비롭고, 그리고 관능적이다.

이 존재는 죽지 않는다. 불사의 비결은 저 실패 놀이이다. 없는 존재는 없는 것으로 있다(우리는 무를 존재 형식으로밖에 만날 수 없다). 그리고 우리는 존재를 부정 —— 없지 않음 —— 의 형식으로 만난다(무가 테두리를 둘러줘야 존재는 설 수가 있다). 존재의 차원에서 존재와 무는 불일불이(不一不二)이다.

1. 로고스

존재는 그다지 평판이 좋지 않다. 가장 치명적인 공격수는 유명론이다: 존재의 모호성은 매혹적일 수 있고, 낡은 주제는 부활을 꿈꿀 수 있다. 그러나 유명론의 덫에 걸린 존재는 존립 자체가 위태로워진다. 유명론에 의하면, 존재는 문법의 환상이다.

서양어는 자인sein, 에트르être, 비be 존재사[2] 없이는 "달빛

---

2) 우리말로 존재를 논할 때 부딪치는 가장 곤란한 문제가 서양어의 자인 동사 —— 하이데거는 그중에서도 3인칭 단수를 꼽는다 —— 에 꼭 맞는 우리말이 없다는 점이다. 그에 해당됨직한 우리말 '이다/있다'를 통틀어 지칭할 문법 용어도 신통치가 않다. '이다'는 동사가 아니 ——

이 푸르다" 따위의 간단한 말조차 할 수 없다. 그것들이 다리를 놓아주어야 주어와 술어가 서로 만날 수 있다. '달빛'과 '푸름'을 자인류가 옳게, 즉 사실에 부합하게 이었는가에 따라 앞의 진술은 '진'이나 '위'로 대접받는다. 진/위를 물을 수 없는 진술도 있다. "달빛이 푸르다"는 사실 검증이 가능하다. 그러나 "달빛이 슬프다"는 그럴 수 없다. 그것은 '악' 소리와 같다.

그러나 표현적 진술도, 명제적 진술처럼 존재를 떠날 수 없다. '악' 하는 외마디는 있어야 할 것이 없거나, 없어야 할 것이 있거나, 없어야 할 것이 정녕 없거나, 있어야 할 것이 정녕 있는 상황에서 터져나온다. 그것은 존재가 부재하거나 오히려 초과적으로 있는 상황을 드러낸다.

환호·비탄·소망·명령의 문장들은 존재에 대한 환호·비탄·소망·명령을 '진술'한다. 이 표현적 토로들이 명제적 진술과 다른 점이 있다면, 그것은 존재가 비(非) 혹은 초과의 형식으로 제시된다는 사실뿐이다.

그러나 그 차이는 피상적이다. 명제적 진술도, 표현적 진술처럼, 존재의 비 혹은 초과를 지시한다. 가령 "인간은 이

조사냐 어미냐로 견해가 갈린다——며, '있다'도 진행을 나타내는 경우 말고는 형용사로 분류된다. 계사로 부르는 것도 무리('이다'는 그럴 수 있겠지만, '있다'는 아무래도 그렇다). 그래서 존재론의 기본 낱말군을 이렇게 붙여보았다. 물론 편법일 뿐이다.

성적 동물이다"라는 명제는 무뚝뚝한 정보가 아니다. 그것은 감탄문——인간은 동물 이상이다!——이거나, 명령문——이성적으로 행동하라!——이다(후자의 경우, 인간은 아직 이성적 동물이 아니다). 표현적 진술이 존재를 전제하듯, 명제적 진술은 존재를 의욕한다. 존재사에 의존하는 한, 진술은 존재 긍정을 피할 수 없다.

좀더 과격하게 말할 수도 있다. 자인이 말한다!

존재사는 진술의 필요 장치만이 아니다. 그것이 비로소 진술을 가능케 한다. 사유가 존재를 사유하는 것이 아니라, 존재사가 사유로 하여금 사유케 한다. 고전적 표현을 빌리자면, 로고스 없이 생겨난 것은 하나도 없다(「요한복음」1: 1).

로고스의 어원적 의미는 '모으다'이다. 모으되 '질서 있게' 모으는 것이다.[3] 그것은 옆에 놓는 것, 함께 놓는 것, 함께 놓음으로써 다른 것과 구별하는 것이다.[4] 존재는 이 구별에 의해 비로소 '존재하는 것'이 된다. 요컨대, 로고스는 어떤 무엇을 존재케——존재 가운데 나타나게——하는 무엇이다.

이것이 로고스 창조론의 그리스적 진상이다.[5] 존재하는

---

3) T. 보만, 허혁 옮김, 『히브리적 사유와 그리스적 사유의 비교』, 분도출판사, 1975, p. 80.
4) M. 하이데거, 박휘근 옮김, 『형이상학 입문』, 문예출판사, 1994, p. 204.
5) 요한의 로고스 사상은 유대적 개념에서 유래한다. '지혜'——로고스에 해당할 유대적 개념——에 대해, 「잠언」8: 22, 27은 말하고 있다. "야훼

것을 존재케 하는 것은 구별 — 차이 — 이라는 언어적 자질이다. 로고스가 빚는 존재는 문법의 환상이다. 존재는 물거품, 아지랑이, 파초(이 식물은 속이 비어 있다), 허깨비, 환영, 그림자, 메아리, 뜬구름, 번개[6]다.

2. 이다/있다

존재의 미망은 각별히 서양적인 것으로 말해진다.[7] 우리말처럼 존재사를 복수로 가진 경우, 존재가 모든 사태를 장악한다는 것은 당치않다. 유일 존재 사상은 유일 존재사를 통해 사유하는 서양어의 특수성을 반영할 따름이다. 서양어로 사유하는 자는 존재사의 강제 아래 사유할 수밖에 없다.

께서 태초에 일하시기 전에 나[지혜]를 가지셨다. 〔……〕 그가 하늘을 지으시며 궁창으로 해면을 두르실 때 내가 거기 있었다." 로고스를 이런 식으로 인격화하는 것은 그리스인에게 낯설다. 특히 '몸이 된 로고스'는 기독교 고유의 패러독스다. P. Tillich, *The History of Christian Thought*, ed. E. Braaten, Simon & Shuster, 1968, pp. 15~16.

6) 『유마경』, 방품편의 열 가지 비유.
7) "모든 명제가 'is'를 통해 표현되는 서양어와 달리 유(有), 존(存), 재(在) 등으로 존재 개념을 구별해 사용하는 동양에서는 아리스토텔레스의 '존재의 유비'와 같은 문제가 아예 생기지 않는다." M. 하이데거, 소광희 옮김, 『존재와 시간』, 경문사, 1975, p. 7, 역주.

그들에게 자인은 말하기——따라서 사유——의 선험적 조건(자인이 생각한다!)이다.

우리말은 복수의 존재사를 가지고 있다.[8] 동사 없이 말할 수도 있다("달빛이 푸르다"에서는 형용사가 나 홀로 술어다). 우리말 사유에서 존재사는 필수적인 것이 아니다. 따라서 존재도——

그러나, 그러므로 우리말은 존재론을 가질 수 없다는 주장——흔히 듣는 주장이다——은 지나친 언어 숙명론일 것이다. 존재는 언어의 미망이라는 생각도 언어가 빚은 독단일 공산이 크다.

'이다'거나 '있다'고 할 때, 진술은 모종의 사태를 우리 앞에 펼쳐놓는다. 그 사태는 혹은 경험적이고, 혹은 가상적이고, 혹은 표현적일 것이다. 혹은 명령법으로 내보여진, 아직 없는 사태일 수도 있다. 아무튼, 그렇게 진술되는 모종의 사태와 마주할 때, 그것을 우리는 '존재하는' 것으로 만난다. 존재자가 존재하는 것은 이 만나는 사건 가운데서이다.

"달빛이 푸르다." 이 진술이 함축하고 있는 것은 (내가/우리가) 달빛을 푸르름으로 만난다는 사실이다. 이 진술은 다

---

8) 우리말로 존재자는 있는 동시에 그 무엇이다. 백낙청은 하이데거의 자인을 '임'으로 번역한 바 있다. 「역사적 인간과 시적 인간」, 『민족문학과 세계문학』, 창작과비평사, 1978, p. 170, 각주. 그러나 있음/임 어느 것으로 옮기든 결손을 피할 수 없다.

름아닌 이 만남의 사건을 진술하고 있다. 나는 나 자신과도 직설법으로("나는 신문 기자이다"), 혹은 명령법으로("나는 기자다워야 한다") 마주할 수 있다. 이 마주하는 사태를 나는 다음같이 언급한다. "나는 신문 기자이다."

만남이 인식에 앞선다. 우선적으로 만난다. 인식은 이 만남의 사후적인 추인이다. 만날 수 없는 것—최소한 상상으로조차 만날 수 없다고 한다면—을 우리는 인식할 수 없다.

또한 없는 것은 만날 수 없다. 만남은 존재 사건이다. K를 만난다. K가 거기에 있다. K가 없을 수도 있다. 이때 나는 K의 부재를 만난다. 무가 내 앞을 가로막는다. 거기 무가 있다.

자고이래 철학은 물어왔다(하이데거에 의하면, 가장 넓고 가장 깊고 가장 근원적인 질문이다). "도대체 왜 존재자가 있고 도리어 무는 없는가?" 그러나 존재하는 것들의 존재를 묻는 경우는, 도리어 무가 있고, 존재는 존재하지 않는다. 우리가 '우선 대개'[9] 만나는 것은 존재하는 것이거나 존재하는 것의 부재이다.

---

9) 『존재와 시간』의 용어. 현존재 분석은 먼저 그것이 '우선 대개' 존재하고 있는 대로 제시할 수 있어야 한다.

3. 무(無)

다음 두 가지 사실을 인정해야 할 것이다. 우리가 '우선 대개' 만나는 존재는 존재자——존재하는 것——들이다. 존재 자체는 아직 만날 수 없다. 우리는 유명론자로 태어난다.

그리고 우리는 무 역시 '우선 대개' 존재자의 빈자리에서 만난다. 무는 존재하지 않는 무엇이다. 무는 존재 기생적이다. 결국 우리가 만나는 것은 존재나 무가 아니라, 것——존재하는 것! 존재하지 않는 것!——이다.

헤겔에 반대——헤겔에 의하면, 존재나 무는 다 '공허한' 추상이다——하여 사르트르가 "존재는 있다는 것, 그리고 무는 있지 않다는 것이다"[10]라고 말했을 때, 무는 존재 기생적인 무엇이다. 존재가 앞세워지고, 차후적으로 부정된다. 거기서 무가 발생한다. 무는 빌려온 현실 존재밖에 가질 수 없다. 무가 자신의 존재를 가져오는 것은 존재로부터이다.

그런데 존재는 스스로 무를 낳을 수 없다(자기 충족적인 존재의 자기 부정은 모순이다). 무는 어디서 오는가?

별종의 존재[11]로부터 온다. 무를 세상에 오게 하는 별종의

---

10) 손우성 옮김, 『존재와 무』 I, 삼성출판사, 1992, p. 109.
11) 사르트르는 존재와 존재자를 구별하지 않고 있다.

존재가 있다. 무는 이 존재의 핵심에, 마치 벌레처럼 달라붙어 있다. 사르트르의 두꺼운 책은 "인간에 의해 무가 존재에 도래하기 위해 인간은 그의 존재에 있어서 어떤 것이 되어야 할 것인가"[12]를 해명하는 데 거의 전 지면을 할애하고 있다. 반면, 즉자 존재에 대해서는 이 한마디가 전부다. "존재는 있다."

인간은 그를 통해 무가 세상에 들어오는 존재이다. 무를 세계에 불러들이는 인간은 동시에 세계의 건설자이다. 인간은 무를 들여옴으로써 세계를 건설한다. 무슨 뜻인가?

세계는 있자마자 '그것 이외에 아무것도 아닌 것'으로 나타난다.[13] 설탕은 설탕 이외의 것 —— 소금·밀가루·코끼리·자동차·컴퓨터 등등 —— 이 아닌 무엇이다. 세계는 인간이 들여오는 이 부정 —— 무 —— 에 의해 비로소 출현한다. "[무를 들여오는 인간은] 사물들을 '거기에 있게' 하는 무이다."[14]

그다지 새로운 아이디어는 아니다. 일찍이 유식(唯識) 논리학자 디그나가도, 이름은 다른 가능성들을 배제함으로써 '그것'을 지시한다고 갈파한 바 있었다.[15] 그러나 두 사

---

12) 『존재와 무』 I, 앞의 책, p. 116.
13) 같은 책, p. 109.
14) 같은 책 II, p. 294.
15) S. C. Vidyabhusana, *A History of Indian Logic*, Montial Banarasidass, 1978, pp. 287~88.

람——디그나가와 사르트르——의 결론은 판이하다.

불교 논리학자에게, 아포하 apoha —— 배제·삭제·차별——에 의해 불려나온 존재자는 미망에 지나지 않는다. 그것은 허망분별된, 즉 개념적으로 구축된 공(空)일 뿐이다. 인간은 기껏해야 허구의 제작자이다. 더욱이 그 인간은 자기가 불러낸 미망에 스스로 사로잡혀 아옹다옹하는 딱한 존재이다.

반면, 사르트르의 인간은 마치 창조주와 같은 지위로까지 드높여진다('마치'다. 신이 되려는 인간은, 신 관념의 모순성으로 인해, 자신을 헛되이 상실하는, 하나의 무익한, 하나의 수난이기 때문이다).[16]

그러나 인간 의식이 세계를 건설——유식 용어는, 변계〔遍計〕——한다는 생각은 두 철학자가 동일하다. 세계는 '그것 이외의 것'을 아포하함으로써 세워지고, 그 아포하를 수행하는 자는 인간이다. 세계 창건자의 지위는 무의 주재자인 인간에게 돌아가야 할 것이다. 디그나가와 사르트르의 우주는 인간을 중심으로 돈다.

그런데, 정녕 인간이 무의 주재자일까?

---

16) 『존재와 무』 II, 앞의 책, p. 446.

4. 동굴

프로이트에 의하면, 사내애는 계집애에게 돌기물이 '없음'을 처음 발견하고 거센 공포를 느낀다(그에게도 무는 존재의 결여이다). 그러나, 거꾸로, 계집애의 '없음'을 발견하고 비로소 자기 가랑이 사이의 '있음'을 확인하는 것일 수도 있다. 인도 논리학의 아포하 논쟁은 이 문제를 싸고 일어났다.

무가 존재자의 부재인 한, 무는 존재 기생적이다. 암소가 없다는 것은 이미 암소의 존재를 전제하고 있다. 그러나 정작 무가 그 위용을 드러내는 것은 존재자의 부재 때가 아니라 존재자가 정립될 때이다. 무는 존재의 핵심에 벌레처럼 기생하는 것이 아니다. 오히려 존재자가 무에 둘러싸여 있다.

암소는 암소 아닌 것에 의해 존재자의 자격을 얻는다. 그런데 암소가 아닌 것은 무한수다(가령 "암소는 돼지가 아니다"라는 진술은 암소의 정의가 될 수 없다. 주전자도 돼지가 아니다. 그러나 주전자는 암소가 아니다. 암소를 규정하기 위해 우리는 돼지가 아니다, 주전자가 아니다, 오토바이가 아니다……의 무한 부정을 감행해야 한다). 암소는 거대한 무에 둘러싸여 떠오른다. 어둠 가운데 떨어진 조명 속으로 걸어들어오는 주인공처럼 당당하게, 혹은 고독하게.

인간이 정녕 이 거대한 무의 주인일까? 암소를 지시하기 위해 우리는 암소 아닌 것을 낱낱이 열거하지 않는다(할 수도 없고, 할 필요도 없다). 존재자를 가리킬 때, 우리는 값도 치르지 않고 무를 빌려온다. 인간은 무의 주인이 아니다. 그는 무의 채무자다.

니야야[正理] 학파 우됴타카라의 반문은 사태를 더욱 혼란스럽게 만든다. 그는 묻는다. 먼저 암소에 대한 직관을 갖고 있지 않다면, 어떻게 '암소 아닌 것'을 배제할 수 있을 것인가?[17] 암소는 암소 아닌 것이 아니다. 그러나 암소 아닌 것을 추려내기 위해 우리는 먼저 암소를 알고 있어야 한다.

사르트르의 유명한 '장면'이 있다.[18] '나'는 4시에 피에르와 만날 약속이 되어 있다. '나'는 15분 늦게 도착한다. 피에르는 거기에 없다. 여기에 피에르의 부재에 관한 직관이 있는 것일까? 그렇지 않을 것이다. '아무것도 아닌 것'에 관한 직관이란 부조리하며, 피에르의 부재는 아무것도 아니기 때문이다. '나'가 만나는 것은 그 손님들과 그 탁자들, 그 의자들, 그 거울, 그 광선, 그 연기 자욱한 분위기 등이다. 카페 안은 존재들로 가득 채워져 있다. 피에르를 찾는 '나'의 시선

---

17) *A History of Indian Logic*, *op.cit.*, p. 132.
18) 『존재와 무』 I, 앞의 책, pp. 98ff.

은 이 존재들을 차례로 지워나간다. '이것이 피에르?'가 한 순간 '나'의 주의를 끈다. 그러나 그것은 피에르의 얼굴이 '아니기' 때문에 즉시 소산되어버린다. 그것은 하나의 부단한 소멸이다. 카페를 무로 만들면서 하나의 현실적 사건으로 피에르의 부재를 '도래케' 하는 것은 '나'의 기대이다.

이 현장 검증이 마침내 말하려는 것은, 인간이 존재와 무의 주인이라는 것이다. 과연 그럴까?

'나'는 피에르를 만나러 갔다. 그런데 '나'를 맞은 것은 '뜻밖에' 쥘리앵이다. '나'는 눈이 동그래진다. '나'의 이 놀람은 쥘리앵의 존재가 '나'의 의식과 기대의 권역 밖에 있었음을 말해주는 것이다. 지금까지 그는 어디에 있었는가? 쥘리앵과 그 사람들, 그 탁자들, 그 의자들, 그 거울, 그 광선, 그 분위기는 무 가운데에서 불쑥 출현하여 카페 안으로 들어서는 '나'를 맞는다.

그때 누군가 알은체하며 손을 흔든다. '나'는 마주 손을 흔들어줄까 잠시 망설인다. 그러나 기억이 나지 않는 얼굴이다. '나'는 그냥 스쳐 지나친다. 그는 약간 머쓱해진 얼굴로 그가 기어나왔던 동굴 속으로 사라져간다. 무는 존재가 들락거리는 동굴이다.

5. 돼지!

생각하기 위해 나는 우선 존재해야 한다. '코지토'보다 '숨'이 더 근원적이다.

그러나 내가 '우선 대개' 만나는 것은 존재가 아니라 이런 저런 존재하는 것들이다. 만나는 이것들을 우리는 인식한다. 존재하는 것은 '인식된' 존재자들이다. 어느 쪽이 맞는가? "존재하는 것들이 존재한다, 고로 나는 인식한다"와 "나는 인식한다, 고로 존재하는 것들이 존재한다."

그러나 만남이 인식에 앞선다. 우리는 우선 만나고, 뒤이어 인식한다. 만남과 인식이 거의 동시에 이루어지는 것은, 만나는 것을 잽싸게 인식의 틀에 맞추는 데 우리가 놀랍도록 익숙해 있기 때문이다. 이 잽쌈은 경험의 훈련을 말해줄 뿐이다.

만남과 인식은 태도부터가 다르다.

인식은 일종의 소화(消化) 행위이다. 인식하는 자에게 인식 대상은 소화시켜야 할 먹거리이다. 대상이 던져지면 인식의 위장은 꿈틀거리기 시작한다. 위액을 내뿜어 먹이를 녹일 만반의 준비를 갖춘다. 여자의 궁둥이를 노려보는 호색한의 눈초리와 원자핵 내부를 들여다보는 물리학자의 눈초리는 그다지 다르지 않다. 그들은 먹으려는 자들이다.

인식은 노려봄이다. 인식자의 시선은 누우 떼 가운데에서 한 끼의 식삿감을 고르는 사자의 두 눈처럼 힘이 들어가 있다. 드디어 한 놈을 찜한다. 찜하는 것은 선택하는 것이다. 선택은 나눔——유식 용어는, 분별——이다.

사냥꾼과 사냥감——주/객——이 나누어진다. 그 다음 사냥꾼은 사냥감을 무리로부터 나눈다(떼어놓는다). 그리고 이 모든 것은 사자의 식욕과 연결되어 있다. 인식은 욕망이다. 인식과 욕망의 관계——불가(佛家)의 비유다——는 심지와 불의 그것과 같다. 불이 심지를 태우고, 심지가 다시 불을 태운다.

사냥에 실패할 수도 있다. 그러나 사자의 주도권이 바뀌는 것은 아니다.

만남의 경험은 사뭇 다르다. 만남의 사건에서는 나에게 주도권이 없다. 만남은 예측할 수 없는 사건이다. 만남은 은총이거나 조난이다. 만남은 무에 둘러싸여 있다. 상대가 주도권을 갖는 것도 아니다. 만남은 도대체 주/객조차 분명치가 않다.[19] 첫 만남에서 의식이 알아채는 것은 이것이 전부다. 있다!

메를로퐁티는 보는 자가 보이는 것에 '빠지는,' 주/객이

---

19) 다음과 같은 철학자의 말은 '경험'에 어긋나는 것이다. "의식이란 주관과 객관에로의 분열이라는 근본 현상이다." K. T. 야스퍼스, 신옥희 외 옮김, 『철학적 신앙』, 분도출판사, 1989, p. 133.

동일한 존재 양식으로 되는 지각 현상을 주목했다. "〔하늘을 바라볼 때〕 나의 의식은 무한한 푸른색으로 꽉 채워진다."[20] 그러나 만남의 첫 경험은 훨씬 더 담백할 것이다. 있다! 더 이상의 덧칠은 순결을 더럽힐 뿐이다. 조주(趙州)가 신발 한 짝을 벗어던졌을 때, 그가 말하려 했던 것이 바로 이것일 것이다.

형이상학적 질문을 받고 조주는 신발 한 짝으로 응수했다. 철학자는 당황한다. 그것이 무엇을 의미하는지 알 수 없기 때문이다. 철학자를 혼란에 빠뜨린 것은, 사물은 의미가 있어야 한다는 고정 관념이다(우리는 사물 자체를 인식하지 않는다. 우리는 사물을 '의미 있는' 것으로 인식한다. 우리의 인식은 물들여진 인식이다).

조주의 신발 한 짝은 말한다. 너는 술어의 미망에 놀아나고 있다. 말 같지 않은 질문에 대답하랴. 할(喝).

무릇 인식은, 지시—돼지가 있다/저것은 돼지다—와 속성—돼지는 더럽다—을 포함한다. 유식철학은 자성분별(지시)과 차별분별(속성)을 모두 변계소집성—의미의 미망—에 포함시킨다. 돼지를 '돼지'라는 개념으로 지시할 때, 이미 거기에 가치 판단이 작동하기 때문이다.

---

20) M. Merleau-Ponty, *Phenomenology of Perception*, tr. C. Smith, Routleg & Kegan Paul, 1966, p. 214.

'돼지!' 하는 순간, 돼지는 잡아먹힐 것으로 지시된다(그리고 대개는 끝내 잡아먹힌다). 지시는 선고이다.

'돼지'라는 낱말이 처음 발음되었을 상황을 상상해보자. 있다. 누군가 외친다. 'ㄷㅗㅐㅈㅣ!' 그러나 아직은 의미 없는 외마디 소리다. 그것을 의미로 채우는 것은 다음과 같은 것들이다. 몰이꾼들의 함성, 몰아쉬는 거친 숨소리, 핏발 선 눈망울들, 도살용 무기를 거머쥔 손아귀와 팔뚝 근육의 팽창, 짐승의 두개골을 으스러뜨리는 탁음, 피, 털을 태우는 매캐한 연기 냄새, 희희낙락한 식사, 뒤이어 찾아오는 느긋한 포만감 등등.

상황 수행적인 진술은 또한 입장 표명적이다. "돼지는 콧구멍이 정면으로 뚫린 네 발 달린 짐승이다"라고 '객관적으로' 말할 수 있다. 그때 곁에 있던 누군가가 "그래서 어쨌다는 거야?" 하고 짓궂게 반문한다면, 우리는 어쩔 수 없이 입장 표명적으로 대답해야 한다.

소위 순수 지칭이란, '돼지!'의 생생한 현장, 입 안에 군침이 돌거나 고약한 냄새로부터 달아나기 위해 코를 틀어막는 상황에서 떼내어진 죽은 표상일 뿐이다.

구체적으로 만나지는 돼지는 언제나 '돼지 사건'이다. "정의란 [지칭도] 사물에 관하여 아무것도 말해주지 않는다. [……] 그것은 여하한 조건하에서 여하한 음성을 내는지를 설명할 뿐이다."[21] 그 조건이라는 것은, 구운 삼겹살 곁들인

소주 한잔이 그리운 따위의 상황이다.

6. 아!

 인식은 존재 욕구이다. 인식——돼지가 있다/저것은 돼지이다——은 저것을 있게/이게 하는 행위일 뿐 아니라, 욕망——잡아먹자!——을 투사함으로써 나의 존재를 과시하고, 강화하고, 확장하는 국가적(!) 존재 욕구이다. 존재하는 것은 인식과 욕망——뭉뚱그려, 식(識)——이 빚어낸 물거품, 아지랑이……이다.
 '오직 식[唯識]'을 우리는 '오직 언어'로 무리 없이 바꿀 수 있다. 식——의식/무의식을 포괄하는 개념——은 언어[名言種子]로 이루어지기 때문이다("망상[相]과 이름[名]이 서로 떠나지 아니하여 이와 같은 허망이 생기는 거라네").[22]
 인식은 우선 호명이다. 너를 '돼지'로 부르면 너는 내게 한 마리의 돼지이다. 호명[名]과 대상의 출현[相]은 동시적이다. 명언입소(名言立所). 인식에 들어온 모든 대상은 언어로 세워진 것이다. 인식은, 나눠 호명하고, 호명함으로써 나누

---

21) S. I. 하야카와, 김영준 옮김, 『의미론』, 민중서관, 1957, p. 225.
22) 『한글대장경 입능가경』, 동국역경원, 1989, p. 33.

는 것이다. 사물들은 이름을 불림으로써 그것의 변별성을 얻는다. 유식에 의하면, 세계는 기호로 만들어졌다.

또는 인식은 명찰을 붙이는 것이다. 우리가 인식하는 것은 고작 명찰이다. 명찰은 물품 자체가 아니다. 이것이 유식철학이 '식(識)뿐'이며, 존재하는 것은 변계소집성이라고 일컫는 이유이다.

그러나 유식철학의 존재 부정은 여기까지다. 유식철학은 이름 너머 실재는 없다(유명론의 생각)거나, 물자체는 알 수 없다(칸트와, 칸트주의 불교 경량부의 생각)고 하지 않는다. 존재하는 것들의 존재에 대해 가장 불교다운 대답은 이것이다. 무기(無記). '노 코멘트!'라는 뜻이다.

우리는 세계를 개념 세계로 인식한다("선남자여, 내가 말한 바 식이 반연할 바는 오직 식으로부터 나타나는 경계이다").[23] 우리는 개념화한 것만을 인식한다. 그러나 인식할 수 없다고 존재하지 않는 것은 아니다. 조주의 신발 한 짝은 인식할 수 없는 그것을 언뜻 보여준다.

조주의 신발 한 짝은 그냥 신발 한 짝일 리 없다. 그것은 형이상학적 질문에 대한 대답이었다. 조주가 신발을 벗어던진다. 인식의 인습이 깨어진다. 그 순간 드러나는 적나라한, 천진난만한 존재의 눈부신 속살. 이것이 유마의 침묵이 천둥

---

23) 『한글대장경 해심밀경』, 동국역경원, 1989. p. 484.

처럼 울리는 이유이다.[24]

이 존재는 결국 저 물자체가 아닐까? 그러나 칸트의 물자체는, 존재와 달리, 만날 수가 없다. 물자체는 이론적 요청에 따라 불러들인 픽션이다. 그것의 존재는 설명의 논리에 따른 것이고, 발견의 논리에 따른 것이 아니다.[25] 그래서 칸트의 물자체는 명상의 대상이 되지 못한다. 다음과 같은 서술은, 아무리 말투가 닮아 보여도 물자체의 묘사와 혼동할 수 없다.

"[진여는] 분별된 모습으로 나타나지 않으면서도 활동하고, 말로 나타낼 수 없고, 표현할 수 없고, 모든 논쟁이 멈추는 것이다."[26]

존재는 벼락치듯 닥쳐올 수 있다. 혹은, 인습의 양파 껍질을 한 꺼풀씩 벗겨나가던 명상자의 감은 눈 앞에 수줍은 얼굴로 나타날 수도 있다. 어느 경우든 그 경험은 황홀할 것이다. 옛 경험자들은 그것을 '아(阿)'자 한 마디로 남겼다. 플라톤의 놀람——철학의 시작이라고 말했던——도 짐작컨대

---

24) "무엇이 보살의 불이법문(不二法門)인가?" 하고 문수사리가 물었을 때, 유마힐은 묵묵부답했다. 문수가 감탄하며 말했다. "옳거니! 문자와 말과 설명이 다 없는 것이 진정 불이에 드는 법문일 것입니다." 『유마경』, 입불이법문품.
25) 문성학, 『인식과 존재』, 서광사, 1991, p. 224.
26) 『한글대장경 해심밀경』, 앞의 책, p. 458.

이 존재 경험일 것이다.

'아!'는 '돼지!'와 전혀 다르다. '아!'는, 몽매한 '아!'조차도,[27] 개념 없는 직관의 탄성이다. 반면, '돼지'는 대상——주체에 대한 객체로서——적으로 '돼지'이다. 나는 돼지를 '나 아닌 것'으로 인식한다(주/객 분열). '아!'는 다르다.

'아!' 하는 순간에 나와 그것, 그것과 저것은 아직 나눠져 있지 않다. 본다. 느낌이 온다. 그러나 보는 나, 느끼는 나는 (내게) 의식되지 않는다. '나'가 의식 가운데 나타나는 것은 돼지가 '돼지'로 인식되고 나서부터다. 그제야 '나'도 비로소 '회상'된다(나는 언제나 나의 현재형을 과거로부터 의식한다. 나의 현재는 나의 과거다).

그러나 감탄은 짧고, 개념은 길다. '아!'는 순식간에 지나간다. 그 순간은 너무나 짧아 거의 시간적 연장을 갖지 않은 것처럼 보일 정도이다(불교의 찰나멸 이론은 매우 '경험적'이다). '아!'는 지체없이 '돼지!'로 대처되고, 확정되고, 인식된다.

'아!'가 '돼지!'로 그토록 신속히 바뀌는 것은 개념 '돼지'가 우리의 몸——유식에 의하면, 몸은 의식의 덩어리다——에

---

27) 유식철학은 명료 무분별과 몽매 무분별을 구분한다. 전자는 분별 없이 인식하는 경지이다(인식은 분별인데!). 반면, 몽매 무분별은 아직 인식 이전이다. 김동화, 『유식철학』, 보연각, 1980, p. 68.

배어 있기 때문이다. 피시스 몸은 노모스적 구성물이다.[28] 경(經)은 이 사실을 다음과 같이 말하고 있다. "무시 이래 훈습과 언어와 명자에 의해 분별이 일어나 목구멍과 코와 이빨과 입술과 혀를 움직이고 굴림에 따라 언어를 낸다."[29]

7. 알라야식

경험은 인식이 되기 위해 기호로 바뀌고, 기호는 의식의 창고 —— 알라야식〔藏識〕—— 에 차곡차곡 저장되고 코드화한다(이렇게 해두면 다음 경험 때 다시 꺼내 쓰기가 여간 편리하지 않다). 이러한 과정이 '무시 이래' 되풀이되어왔다고 유식은 말한다. "아담 이후 명명되지 않은 사물은 없다. 한 번도 사용된 적이 없는 어휘는 없다."[30] 바흐친의 이 말은 영락없는 유식철학자의 말투이다.

그러므로 나는 나의 과거요, 정확히 말해, 우리의 과거다.

---

28) 서양 사람들의 어깨추임은 언어가 몸이 되어가는 과정을 보여준다. 어깨를 들었다 놓는 그들의 몸짓 언어는 마치 생리적 반응처럼 보인다(언젠가는 진짜 생리가 될 수도 있다). 그러나 우리에게 그것은 서양인의 '습관'일 뿐이다.
29) 『한글대장경 입능가경』, 앞의 책, p. 140.
30) T. 토도로프, 최현무 옮김, 『바흐친』, 까치, 1987, p. 14.

두말할 것도 없이 나는 개념 '돼지'를 만든 장본인이 아니다. 나의 '돼지'는 개념의 창고에서 빌려온 짐승이다. '돼지!'라고 외칠 때, 나는 '합창'을 하고 있는 것이다.

인식은 개념-인식이다(우리는 '개념'을 '개념에 의해' 인식한다). 우리는 낱낱의 개념을 언어 창고에서 꺼내온다. 그 개념은 '무시 이래'의 공업(共業)으로 이루어진 것이다(이 공업은 지금도 진행 중이다).

공업의 추진 엔진은 욕망이다. 언어는 욕망의 언어이고, 욕망은 언어의, 즉 언어로 된 욕망이다. 이 욕망-언어가 인식한다("무명에 덮인 바와 애욕의 결박에 묶인 바로서 어리석은 사람은 인식이 있는 몸을 얻게 된다").[31] 인식에 들어오는 사물들은 언제나 이미 물들여진 기호이다('돼지'는 가령 식욕으로 물들여진 개념이다).

인식의 눈은 방향 없이 향하지 않는다. 멍한 눈은 아직 눈이 아니다(그것은 보고 있지 않다). 보는 것은 방향을 쫓는 것이다. 눈은 추구하는 눈이고, 탐색하는 눈이다. 어디로? 무엇을? 왜?

봄은 또한 외침이다. 시선을 던지는 것은 외치는 것이다. 뭔가를 향해 눈은 외친다. 나는 원한다, 나는 할 수 있다 등등("내가 보는 모든 것은 원칙적으로 내가 미칠 수 있는 범

---

31) 『한글대장경 현양성교론』, 동국역경원, 1977, p. 18.

위, 적어도 내 시각이 미칠 수 있는 범위 안에 있다. 그것들은 '나는 할 수 있다'의 지도 위에 표시되어 있다." 퐁티의 말이다).[32] 그러므로 시선을 피하는 것은 나는 원치 않는다, 나는 할 수 없다고 '말'하는 것이다. 유식철학의 용어대로다. 눈은 눈의 의식[眼識]이다.

그리고 눈이 의식이라면, 다른 신체 기관도 마찬가지로 눈은 언어 기관이다. 우리의 몸은 구석구석까지 의미의 그물로 짜여지고 코드화해 있다. 이 사실에 대하여 유식철학은 다음과 같이 말한다. 알라야식은 몸 전체에 퍼져 있다.[33]

다시 말해, 눈이 붙잡는 사물은 '해석된 사물'이다. 그리고 해석하는 언어는 언제나 이미 공업——사회적 욕망——으로 물들여져 있다. 사물은 이데올로기적인 기호이다.

8. 공(空)

암소는 도끼가 아니다. 도끼는 암소가 아니다(오히려 도끼는 암소를 도살하는 도구이다). 그러나 두 '아님'은 서로 차별이 없다. 무 속으로 초대된 존재자들은 경계가 녹아 없어

---

32) M. Merleau-Ponty, "Eye and Mind," *The Primacy of Perception*, tr. C. Dally, Northwestern Univ. Press, 1971, p. 162.
33) 요코야마 고우이츠, 묘주 옮김, 『유식철학』, 경서원, 1989, p. 128.

져버린다. 마치 어둠 속에서 모습들이 사라지듯이.

존재를 경험한 사람은 무가 단지 존재의 결핍이 아닌 것을 안다. 그들은 존재/무를 넘어서 깊고 그윽하고 빛나는 심연을 본다. 빛나는 어둠을.

무로부터의 창조론을 골리는 실없는 우스개가 있다. 신은 세상을 창조하기 전에 무엇을 하고 계셨는가(그런 질문을 하는 자를 위해 신은 지옥불을 지피고 있었다고 대답한 신학자가 있었다)? 무로부터의 창조론은, 창조에 앞서, 신에 앞서, 무가 있었다는 말처럼 들린다.

그러나 무는 존재에 앞설 수 없다. 무는 존재의 무이기 때문이다. 게다가, 무도 존재한다. 우리가 구와 직면할 때, 무는 우리 앞에 있다. 존재의 창조주는 실로 존재와 무의 하느님일 것이다. 기독교의 형이상학적 존재/무의 관념은 존재의 하느님을 말하는 데 무능할 수밖에 없었다.

이 하느님을 말하기 위해서는 존재/무를 아우르는 개념이 필요하다. 우리는 그런 개념을 하나 알고 있다. 공(空). 그런데 공이 도대체 개념이 될 수 있을까?

공은 '기의 없음'을 기의로 하는 기표이다. 공은 끝없이 기의를 비우는 비(非), 비, 비, 비……로밖에 지시할 수 없다. 이를테면 공은 개념을 비우는 일종의 전략 개념이다. "혀끝에 뼈가 없고, 말 아래 종적이 없다."(함허)

기의 없는 기표는 헛소리에 불과할 것이다. 기의는 의미화

2장 존재와 무 85

가 일어나는 공간인 까닭이다. 공에는 기의의 이 공간이 비어 있다. 그러나 그저 텅 빈 것은 아니다. 공의 공능(功能)이 있다.

공은 살아 있다(공은 "분별된 모습으로 나타나지 않으면서도 활동한다." 앞에서 인용한 바 있다).[34] 빈 개념이 찬 개념들을 비운다. 이 공능——비우는 활동——으로서 공은 존재한다.

활동하는 공은 당연히 인식 활동도 포함할 것이다. 그러나 공의 인식은 분별하는 인식일 리 없다(분별이 없으므로 공이다). 그래서 일러 무분별지(無分別知)다. 공은 분별 없이 인식("허망한 경계를 보고 분별하는 인식이 없어진 것을 열반이라고 이름하느니라")한다.[35]

그러나 무릇 인식은 분별 인식이 아닌가? 애당초 인식은 이것과 저것을 분별하는 것이 아닌가? 경계를 긋고 한정하지 않는다면 그것이 경계일 것인가?[36]

그러나 공의 무분별은 무의미하지 않다. 기의를 비워버린 결과는 무의미가 아니라 의미의 한 맛——일미평등——이다. 무분별이지만, 의미가 없지 않다. 법화 세계——공이 펼쳐놓

---

34) 덧붙이자면, 에로티시즘의 무도 그저 무가 아니다. 그것은 '격렬한 무'이다.
35) 『한글대장경 입능가경』, 앞의 책, p. 118.
36) 비트겐슈타인, 이영철 옮김, 『철학적 탐구』, 서광사, 1994, p. 78.

은 장엄 세계 ——를 단지 교화 방편으로 말하는 것은 법화 세계와 함께 공을 퍽 빈약하게 만드는 짓이 될 것이다. 공은 비었으나〔非有〕, 공이 나타내는 존재는 눈부시다〔不眞空〕.

공의 인식은, 나가르주나에 의하면, 갈이 없는 인식이다. "스스로가 알아서 남을 따르지 않고, 적멸하여, 희론이 없으며, 다름도 없고, 분별도 없으면, 이것이 실상이라네."[37]

이 번역은 그다지 훌륭해 보이지 않는다.

역문 중의 '스스로가 알아서……'는, 존재자에 의존하지 않고 깨닫는다는 말이다. 존재자에 의존함은 언어에 의존함이다. 존재자는 '무시 이래' 언어에 물들어 있기 때문이다 ("사물은 그 자체로써 소통하지 못한다. 경칭을 수립함으로써 사물은 소통한다").[38] 우리가 사물을 호명하고, 불린 이름을 복창함으로써 사물은 비로소 그 사물이 된다. 코카콜라를 마실 때, 우리는 '코카콜라라고 부르는 것'을 마시는 것이다. 우리는 명명하고, 그 이름을 마신다.

'희론이 없으며……'는 이상과 같은 과정의 역동성을 살리지 못하고 있다. 산스크리트 직역이 보다 생생하다. 직역은 이렇다. "희론들에 의해 희론되지 않으며……"[39]

---

37) 『한글대장경 중론』, 동국역경원, 1985, p. 112.
38) 송찬우 옮김, 『조론』, 고려원, 1989, p. 146.
39) '희론'이라고 옮긴 prapañca는 i) 개념 활동과, ii) '세속'을 의미한다. '세속' ——언어를 떠난 진실 세계와 대비적으로—— 은 언어에 의

'다름도 없고, 분별도 없으면'은, '비칼파vikalpa도 없고, 아르타artha도 없으면'이다.

비칼파는 이것이고 저것이 아닌 것 —— '그것 이외에 아무 것도 아닌 것'(사르트르)——으로 판단하는 것이다. 아르타는 낱말의 의미〔義〕와 지시대상체〔境〕를 모두 뜻한다. 산스크리트 사고에서 사물은 곧 낱말이 의미하는 그것이다. 사물〔境〕 코카콜라는 이른바〔義〕 코카콜라다.

요약하면, i) 이것과 저것의 경계를 나누고, ii) 거기에 이름을 붙임으로써, iii) 사물은 그 사물이 된다. i), ii)를 떠난 것이 곧 사물의 실상이라고 나가르주나는 말하고 있다.

그런데 그리스인들이 '로고스'라고 불렀던 그것이 하는 일은 다름 아닌 이 i)과 ii)이다!

9. 것

우리말 '것'도 경계를 그어 사물로 하여금 그 사물이 되도록 만든다.[40] 아르타의 기능과 매우 같다.

해 이루어진 현상 세계를 의미한다. 工藤成樹, 「中觀と唯識」, 『講座 大乘佛敎』 8, 春秋社, 1984, p. 212.
40) '것'은 '곳'에서 온 말이다. 서정범, 『우리말의 뿌리』, 고려원, 1989, p. 100. '곳'은 '가' ——가장자리, 경계——의 옛말이다.

'것'은 스스로 서는 낱말이 아니다. '것'은 사물의 의미를 한정하는(사물을 직접 지시하지 않는) 기능어이다. '코카콜라라고 하는 것' '돼지라고 하는 것' '있는 것' '없는 것' 등등. '것'이 의미를 만드는 방식을 보면, 어째서 나가르주나가 아르타를 미혹자라고 불렀는가를 짐작할 수가 있다.

어떤 '것'으로 의미가 정해지기 이전, 가령 '첩'이라는 기표는 무한히 열려 있다(아무런 의미가 없고, 그래서 아무런 의미나 담을 수가 있다). 그러나 일단 '본처 외에 데리고 사는 것'이라고 의미가 정해지고 기의의 문이 닫히고 나면, '첩'은 회원권 소지자만이 입장할 수 있는 비밀 클럽 같은 것이 된다(한 낱말에 받아들여진 의미들이 가족 유사성을 띠는 것은 이 때문이다).

비회원이 뒷문으로, 혹은 정문을 돌파해 입장을 시도할 수 있다. 시인이라는 자들이 곧잘 그런 시도를 한다.

낯선 의미의 출현은, 늘 엇비슷한 얼굴끼리 마주 보느라 지루해진 회원들에게 신선한 충격을 던질 수 있다. 잠시 장내가 술렁인다. 그러나 잠시뿐이다. 낯선 손님은 심문을 거친 뒤 통과 의례를 치르고 회원 자격을 얻거나, 수위의 우악스런 손아귀에 목덜미를 잡혀 문밖으로 중댕이쳐진다. 이내 클럽은 질서를 되찾고, 그 사건은 잊혀지거나 기껏해야 담소거리로 회상될 뿐이다.

'것'은 가른다. 그 기의가 닫힘으로써 '첩'은 '본처'와 다른, 사회적 지위는 열등하지만 남편에게는 좀더 사랑스러운 존재가 된다. 이렇게 가르는 것이 불평등의 시작이다(장자크 루소가 말한 대로다). 인식과 욕망, 의미와 권력은 함께 간다.

게다가, '것'은 가름으로써 그 진상을 은폐한다. 불교 주석학은 '세속saṁvṛiti'이라는 말의 어원에 은폐의 뜻도 있음을 논증하려고 다소 무리하게[41] 시도했었다. '세속'이 은폐하는 현상을 이해하는 데에는 우리말이 산스크리트보다 더 유리하다. 어원 연구에 의하면, '가르는' 것은 '가리는' 것이다.[42]

'가르다'와 '가리다'는 어원이 같다. 두 낱말은 '글'에서 왔다. 덩어리를 갈아〔搗〕 가루〔粉〕를 낸다. 농부는 밭을 갈기〔耕〕 위해 흙을 부순다. 한편 교사는 갈라〔分〕, 가리고〔別〕, 가려〔掩〕, 가리키고, 친다〔育〕. 결국 앎──인식──이란 가르고, 가리고, 가리킴으로 이루어진다(이 앎의 세계가 곧 '세속'이다). 가림──분별──은 가림──은폐──이다. 인식은 은폐다.

갈라진 전체는 한 맛을 잃는다. 가리키는 손가락은 지시하는 방향 외의 방향들을 가린다. 교사는 가르치는 것 외의 것을 학생이 알려는 것을 금지한다. '세속'──인식에 비쳐진

---

41) 야스이 고사이, 김성환 옮김, 『중관사상 연구』, 문학생활사, 1988, p. 183.
42) 최창렬, 『우리말 어원 연구』, 일지사, 1986, p. 206.

세계——은 가르고/갈리고, 가리고/가려지는 세계이다.

보이는 것은 가려진 것이다. 실상을 보기 위해 차라리 눈을 감아야 한다.

10. 신

그러나 가르지 않고 말할 수 없다. 색즉시공을 말하려면 우선 색과 공을 갈라 세워야 한다. 이것은 말하는 동물의 숙명이다.

우리는 무에 대해서조차 '있다'고 말한다. 이때 무는 존재자——없는 '것!'——로 우리 앞에 있다. 그 너머는 있다거나 없다는 식으로 말할 수 없다. 존재를 만나려면 있는 것/없는 것을 넘어서야 한다. '것'은 가르는/가르는 것이기 때문이다.

이 존재는, 하이데거에 의하면, "이 존재자 또는 저 존재자가 아니라 존재자의 존재"[43]이다. 존재는 비은폐성——가름 없음, 가림 없음, 가르칠 수 없음, 요컨대 불가언——이다. 그러므로 존재에 대해서 우리는 말할 수 없는 것을 말하는 역설을 피할 수 없다.

『조론』의 비유비무(非有非無), 『노자』 제1장 제1절, 틸리

---

43) M. 하이데거, 이기상 옮김, 『존재와 시간』, 까치, 1998, p. 58.

히의 유신(有神)을 넘어선 신[44]의 역설 등이 그것이다. 존재 · 신 · 공 · 열반 · 도(道)······는 말로 말할 수 없는 것의 이름들이다. 이름이 아닌 이름들, '것'이 아닌 것들이다(우리는 '것이 아닌 것'이라고밖에 달리 말할 수 없다. 언어의 병통은 불치다).

"존재는 어떤 존재자보다도 멀다. 그러나 또한 어떤 존재자——그것이 바위건, 짐승이건, 예술 작품이건, 기계건, 천사 또는 신이건간에——보다 인간과 가까이 있다"[45]고 하이데거가 말할 때, 그의 말은 마치 신이 아담의 창조자가 아니라, 아담이 신의 창조자라고 말하는 것처럼 들린다. 존재자는 명명한 대로 그 존재자가 되는 존재이기 때문이다(「창세기」 2: 18~19).

그러나 정통 신앙은 무량한——편재하는——신을 고백한다. 신은 경계가 없는 존재이다. 경계가 없는 존재에 대해 우리는 말할 수 없고, 인식할 수 없다(말하는 것, 인식하는 것은 경계를 긋는 것 아닌가). 신론(神論)——하이데거의 신론을 포함해서——은 인간 언어의 당착을 폭로하는 신의 심판이다.

사람은 말하는 동물이다. 말로 다룰 수 없는 존재를 인간

---

44) P. Tillich, *Systematic Theology* I, Chicago Univ. Press, 1976, p. 237.
45) P. 테브나즈, 심민화 옮김, 『현상학이란 무엇인가』, 문학과지성사, 1982, p. 55에서 재인용.

은 어떻게 말할까?

'상징으로'라고, 틸리히는 말하고 있다. "[기호와 달리] 상징은 비록 상징되는 것과 같은 것은 아니지만, 그것의 의미와 힘에 참여한다."[46]

그러나 차라리 기호가 신에 대해 더 잘 말하는 방법일 수 있다. '상징되는 것과 같은 것은 아닌' 상징은 신적 존재를 훼손한다는 자의식 없이 신의 이름을 부를 수 없다. 상징은, 수면 위로 드러난 빙산처럼, 드러낸 것보다 더 크게 감추기 때문이다. 그러나 말로 다룰 수 없는 것을 가리키는 것이 단순히 기호라면 우리는 자의식이 없이 그 이름을 부를 수가 있을 것이다. 이것이 신을 부르는 기독교인과 공을 말하는 불교도의 자의식의 차이일 것이다.

승조(僧肇)의 말은 존재를 담백하게 언급하는 법을 극적으로 예시하고 있다. "이미 열반이라고 말했다면 다시 그 사이에 유명(有名)을 용납하겠는가."[47]

존재 · 신 · 열반 · 공 · 도······는 운명적 작명가, 말하는 동물인 인간이 갖다 붙인 말로 부를 수 없는 것의 '이름일 뿐'이다. 이 이름들은 기의 없는 기표이다. 참으로 존재에 잠겨본 사람은 '존재' 한 마디로 족할 것이다. 예수는 기도를 길

---

46) P. Tillich, "The Nature of Religion," *Theology of Culture*, Oxford Univ. Press, 1977, p. 54.
47) 『조론』, 앞의 책, p. 222.

게 하지 말라고 했다(「마태복음」 6: 7~8). 신을 뵌 자는 '주기도문'조차도 장광설로 느껴질 것이다.

11. 여여(如如)

하필 존재인가?

존재처럼, 신·공·열반·도……도 인식할 수 없다(인식은 이미 주/객의 분리를 전제하는데, 이들은 주/객을 넘어서 존재한다). 우리는 그것을 대상으로 인식할 수 없고, 그 가운데 머물 수 있을 뿐이다. 그 경험을 우리는 다음과 같이 서술한다. 신이 존재한다, 공이 존재한다, 열반이 존재한다, 도가 존재한다 등등. 그러나 존재와 만남은 동어반복으로밖에 말할 수 없다. 존재가 존재한다.

그래서 신·공·열반·도……는 존재의 하위 개념인 것처럼 보인다(하이데거 신론의 관점이다). 그러나 이것은 순전히 언어적 관습의 문제이다. 존재가 존재한다고 할 때, 우리는 다음과 같이 말하고 있는 것이다. "나는 존재와 마주하고 있다."

동어반복의 형식에 당황하거나 과민해질 필요는 없을 것이다. 존재사는 언어에 속하는 반면 존재·신·공·열반·도……는 말로 표현할 수 없는 것인 까닭이다. 무는 어떤가?

삶은 만남으로 이루어진다. 그러나 우리가 순간순간 만나는 것은 '우선 대개' 이런저런 존재하는 것들이다. 반면, 무를 우리는 사후적으로 만난다. 우리가 이런저런 존재자의 부재를 인식할 때, 우리는 암암리에 그 존재자들을 상기하고 있다. 존재자의 없음은 존재자의 잔영을 머금는다.

그러나 존재와 무의 우선 순위 문제는 존재와 무 당사자의 문제가 아니다. 실로 그것은 인간은 시간적 존재라는 사실의 문제이다. 무가 존재에 기생한다는 것은 무가 우리에게 사후적으로 인식된다는 것을 다소 현학풍으로 에두른 표현에 지나지 않는다.

어째서 우리는 무를 존재자처럼 직접 대면하지 못하고, 회상으로밖에 만나지 못하는 것일까? 그것은 우리가 만나는 것은 '우선 대개' 존재자인데, 무는 존재하는 것이 아니기 때문이다. 우리와 만날 때, 무는 스스로를 '없는 것,' 즉 존재자의 꼴──것!──로 바꾼다. 이때 무는 부재자, 즉 부재로서 존재하는 존재자로 모습을 나타난다.

하이데거는 존재/존재자를 구별했다. 우리는 무/무자를 구별해야 할 것이다.

없는 것은 '어떤' 존재자가 없는 것이다. 무자는 존재자의 변종이다. 한편 존재자 일체──부재로서 존재하는 존재자까지 포함해서──가 없는 것이 무다. 무는 없는 것조차 없는 것이다. 그러나 현상적으로 있다고 할 수도 없다. 그래서 없

2장 존재와 무 95

는 것조차 없는 그것을 옛 논자들은 '묘유(妙有)'라고 불렀다. 나는 존재라고 부른다.

지금 우리는 존재자 너머의 존재, 무자 너머의 무를 묻고 있다. 존재는 있는 것이 아니요, 무는 없는 것이 아니다. 오히려 존재자와 무자는 각기 존재와 무를 가리는 휘장이다. 가리는 것으로서 존재자와 무자는 동류요, 가리는 것으로서 존재와 무는 동류이다. 고로 존재는 무다.

누가 이 휘장을 걷어줄 것인가?

하이데거는 불안을 천거했다. 그런데 불안이 우선 드러내는 것은 무다. "위협하고 있는 것이 아무 데에도 없다는 사실이 불안의 '그것 앞에서'를 특징짓는다"(강조: 하이데거).[48] 불안은 무 앞에서의 불안이다. "불안은 무를 드러낸다."[49] 우리가 말할 수 없는 것을 말하고, 볼 수 없는 것을 보는 것은 이 무의 빛[50] 속에서이다. 우리는 존재를 귀멂으로 듣고, 눈멂으로 본다.

신비스럽게 들리는 이 말은 신비주의와 상관이 없다. 이론적으로 그것을 이해하기는 무척 쉽다.

우선 무는 어떤 무엇이 아니다. 어떤 무엇은 있는 것이지

---

48) 『존재와 시간』, 앞의 책, p. 254.
49) M. 하이데거, 이기상 옮김, 『형이상학이란 무엇인가』, 서광사, 1995, p. 83.
50) 같은 책, p. 89.

무가 아니다. 그런데 우리가 '우선 대개' 보고 듣고 말하는 것은 언제나 어떤 무엇, 즉 '……것'이다. 존재자의 존재를 만나기 위해 우리가 치워야 하는 것은 바로 이 '것'이다. 그러므로 우리는 전혀 신비주의를 흉내내지 않고 말할 수 있다. 무가 **존재**를 열어 밝힌다.

이론적으로는 쉽다. 그러나 '것'은 좀처럼 치워지지 않는다. 보려는 욕망 때문이다. 일찍이 그리스 철학은 인식을 '보려는 욕망'으로 파악한 바 있었다.[51] 그런데 보려는 욕망은 욕망하는 봄이다. 보는 것은 욕망하는 것이다. 인식과 욕망은 서로 등이 붙은 샴쌍생아다.[52]

따라서 '것'을 넘어 **존재**와 여여히 조우하기 위해 우리는 욕망의 몸을, 허물을 벗듯 벗어야 한다. **존재**를 본다는 것, 그것은 뼈를 갈아끼우고, 살을 벗어 새 살을 입는 일이다. 그러기 위해 묵은 몸은 죽어야 하고, 에고는 무로 돌아가야 한다.

---

51) 『존재와 시간』, 앞의 책, p. 234.
52) 불교 사상가들은 인식과 욕망——무명과 탐애——중 어느 것이 더 근원적인가에 대해 토론했다. 결론은 '비수의 양날'이다. 이론적으로는 무명이 더 근원적이다. 지(止)로써 번뇌장——욕망의 장애——을 끊고 '나아가' 관(觀)으로써 소지장——인식의 장애——을 끊는다(뿌리깊은 것일수록 나중에 끊는다. 그만큼 제거하기가 어렵기 때문이다). 그러나 실천적으로는 지관쌍수(止觀雙修)이다. 인식과 욕망은 동시적·순환적이다.

그러나 자기 부정은 어폐가 있는 말이다. '자기'는 이미 언제나 자기 긍정을 함의하기 때문이다. 오히려 그 만남은 이럴 것이다. 존재가 내게로 온다!

내가 주도적으로 존재를 인식한다는 것은 불가능할 뿐더러 불합리하다. 인식은 호명하는 것인데, 존재는 말로 할 수 없는 것이고, 따라서 나의 호명 권역 밖에 존재하기 때문이다. 이것이 김춘수의 꽃이 아름답지 않은 이유이다.

내가 그의 이름을 불러주기 전에는
그는 다만
하나의 몸짓에 지나지 않았다.
내가 그의 이름을 불러주었을 때
그는 나에게로 와서
꽃이 되었다.

「꽃」을 처음 읽었을 때 내가 받은 인상은 왠지 인조꽃 같다는 것이었다. 그때는 그 이유를 몰랐다. 지금은 짐작할 것 같다. 김춘수의 호명된 꽃잎들은 존재의 빛을 발하지 않는다. 반면, "〔꽃이 한창인〕 그 나무가 나무인 바 그렇듯 여여하게 우리 앞에 나타나 있"[53]을 때, 그 꽃나무는 아름답다.

---

53) M. 하이데거, 권순홍 옮김, 『사유란 무엇인가』, 고려원, 1996, p. 37.

덧붙이자면, 그 꽃나무는 수줍음을 탄다. 아름다움은 뻔뻔스럽거나 되바라지지 않는다. 모든 아름다운 것은 수줍음으로 홍조를 띄고 있다. 그것은 존재의 출현이 내게 거저 주어지고, 넘치게 주어진다는 자의식의 홍조이다.

존재를 우리는 잉여의 선물, 은총으로서 경험한다.

12. 은총

기독교 예정설이나 불교의 다섯 천성〔五種性〕[54] 이론은 존재의 저 잉여감, 그 경험의 주도권이 내게 있지 않다는 느낌의 극단적인 표현일 것이다.

기독교나 불교나 예정설은 큰 논쟁거리였다. 가톨릭과 개신교의 행위/신앙 논쟁, 공로/은총 논쟁도 이 테두리 안에 속한다. 그러나 존재의 체험자에게 이런 논쟁은 부질없다.

우리는 무를 추구할 수 있다. 존재의 얼굴을 가리고 있는 베일을 벗기는 것은 틀림없는 인간의 행위 —— 수행·공로 —— 이다. 우리는 행위하고, 그리고 은혜로서 받는다. 존재 체험 가운데 행위/은총은 분리되지 않는다.

---

54) 타고난, 바꿀 수 없는 깨달음의 소질. 성문 종성, 연각 종성, 여래 종성, 미정의 종성, 절망적 종성 등 다섯 가지다.

은총은 행위를 배제하지 않는다. 그러나 행위를 내세울 수 없다. 마침내 존재 앞에 선 현존재는 다음과 같이 말할 수밖에 없다. "우리는 우리가 선택된 것에 대한 어떤 확실성도 우리 자신 안에서 찾을 수 없다."[55]

존재는 유발하거나 청구할 수 없다. 우리는 존재를 기다릴 수 있을 뿐이다. 괴이한 비유지만 그것은 마치 도둑을 기다리는 것과 같다. 존재는 도둑처럼 온다. 우리는 문을 열고 존재가 넘어들어오기를 기다리는 수밖에 없다. 도둑이 드는 것은 전적으로 도둑에게 달렸다.[56]

우리는 존재가 어떤 무엇인지 말할 수 없다. 존재——무 역시——는 도대체 어떤 무엇이 아니기 때문이다. 우리는 존재에 대해 말할 수 없고, 오직 직면한다. 그러나 무경험자인 우리는 경험자의 증언을 통해 짐작할 수 있을 뿐이다.

"확실 · 확실 · 벅참 · 기쁨 · 평화."[57]

---

55) 칼빈의 말. 칼 바르트, 『하나님의 은총의 선택』, 한신대 출판부, 1985, p. 34에서 재인용.
56) 도둑의 비유는 다음과 같은 오해를 정정할 수 있다. "신비주의는 영혼을 일체의 외계의 암시에서 차단하여 신적 존재에 이르는 지식의 통로를 찾으려 한다. […] 여기에서의 행동은 창구를 개방하면 공기가 방안 가득 흘러들어오는 것과 흡사한 행동일 뿐이다. 창문을 여는 자는 인간이며 자기 영혼을 배출시켜 신이 유입하여 들어오도록 여건을 만드는 자도 인간이다." E. 브루너, 이상훈 옮김, 「기독교의 스캔들」, 『세계 기독교 사상 전집』 7, 신태양사, 1975, p. 380.

이것은 말할 수 없는 것을 말한 말이다. 파스칼은 존재에 대해 말하지 않았다. 조우했던 자신의 느낌만을 적고 있다. 존재란 내가 그 앞에, 혹은 그가 내 앞에 서는 사건이다. 이 사건에서 떼어내 존재를 논하는 것은 형이상학적 희론이다. 그래서 파스칼은 앞의 낱말들 앞에 적어놓았던 것이다.

"아브라함의 하느님, 이사악의 하느님, 야곱의 하느님. 그러나 철학자와 학자의 신은 아니다."

하이데거는 무와 불안을 논하고, 파스칼은 확실성과 기쁨을 토로하고 있다.

하이데거는 아직까지도 추론적이다. 인간을 '명상하는 존재'로 보았던[58] 그에게 존재 경험은 인간의 진정한 가능성 ─ 그러나 역시 인간의 능력에 속하는 ─ 이다. 그에게 무 앞에서의 불안은 존재 경험의 필요 조건처럼 보인다. 불안은 내게 낯익은 것, 내가 의지하고 안주해온 것, 나를 떠받쳐온 세계, 내것들이 사라지는 경험이다. 이 불안이 무를 열어젖히고, 무는 존재를 열어젖힌다. 이 절차는 논리적이고, 방법적이다.

---

57) 1654년 11월 23일 밤 10시 반에서 12시 반 사이에 일어났던 결정적 체험에 대한 파스칼의 메모, *Penées*, tr. A. J. Krailsheimer, Penguin, 1965, p. 309.

58) M. Heidegger, *Discourse on Thinking*, tr. J. M. Anderson & E. M. Freud, Harper & Row, 1969, p. 47.

그러나 존재는 논리나 방법에 의해 불러내질 수 없다. "올라가는 것도 내려가는 것도 아니다"(T.S. 엘리엇, 「네 개의 사중주」). 존재 경험은 존재자의 경험과 사뭇 달라서 놀라움과 황홀, 혹은 두려움과 떨림을 수반한다.

그러나 곧 우리는 깨닫는다. 우리가 언제나 이미 존재에 싸여 있다는 사실을. 그 안도감, 파스칼의 평화.

그것은 무의 평화이기도 하다. 존재가 오면, 모든 존재하는 것들이 덧없어진다. 정녕 무 앞에서는, 불안이 아니라, 평정이 찾아들 것이다. 열반적정(涅槃寂靜).

13. 말하기

존재의 경험자들이 있다. 그들의 증언은 '경험적' 증거력을 갖는다. 물론 경험주의자들은 그런 종류의 경험을 '경험'으로 치지 않을 것이다. 그러나 모든 경험이 반드시 경험주의의 심사를 통과해야 하는 것은 아니다. 경험주의가 경험에 가장 충실하는 것도 아니다.

존재 경험을 주장하는 자들 중에는 환상가도 있고, 더러는 사기꾼도 있을 것이다. 그러나 무차별적인 불신은 일종의 불성실한 믿음이다. 존재 경험의 증언들을 불신할 때, 그가 불신하는 '경험적' 근거는 어떤 것인가?

경험적 사실이 신빙성을 얻는 조건은 두 가지이다. 1) 사실에 대한 확신을 공유할 수 있을 때와, 2) 그것을 확인해줄 증거/증인이 그토록 많을 때이다. 1)은 경험의 방법과 관련된 것이고, 2)는 귀납에 대한 믿음(!)이다.

그렇다면 존재는 사실들과 겨룰 만하다. 존재는 "고양이가 멍석 위에 있다"는 '사실'보다는 틀림없이 덜 일상적이다. 그러나 존재는 경험 가능한 방법들을 갖추고 있다. 증인들이 있고, 공유할 수 있는 방법도 있다. 가령 불교의 수행 방편은 전수된다. 전수하고 전수받을 수 있다는 것은 그것이 공유할 수 있다는 뜻이다.

존재 경험은 UFO 경험과 비슷한 점이 있다. 두 경험 모두 불러낼 수 없고 예고할 수도 없다. 그러나 존재는 UFO보다 유리하다(UFO 경험도 함부로 무시할 수 없다. 목격자는 경험자이고, 우리는 미경험자이기 때문이다). UFO 목격자는 본 것을 재차 불러내거나 타인에게 확인시킬 방법이 없다. 그러나 수행자들은 존재에의 길[道]을 닦고 전수할 수도 있다. 수행자는 존재의 도래를 조작할 수 없으나, 채비할 수 있다.

수행자는 기다리는 사람이다. 예감 없이 기다릴 수 없다. 그는 이미 존재를 경험하고 있다. 비록 예감의 형태로나마—

그러나 경험한 그것을 그는 말할 수 없다. 파스칼의 황홀한 낱말들은 아직 진술이 아니다. 정녕 곤혹스러운 것은 존재를 언급하려 할 때다(경험할 때가 아니고). 이때 엄습하는 불안을 틸리히와 더불어 '유한성의 존재론적 성질'[59]이라고 말할 수 있을 것이다.

존재/무도 희론일 뿐이다("유/무는 언상〔言象〕이다").[60] 존재는 있다거나 없다거나 하는 말조차 넘어서 있다. 반면, 사람의 말은 '있다/이다'거나 '없다/아니다'로밖에 달리 말할 수단을 갖고 있지 못하다. 존재를 언급할 수 있는 방법은 두 가지밖에 없다. 역설과 제유.

중관론자들은 유/무로 말할 수밖에 없는 인간의 말이 조합될 수 있는 네 가지 형식을 보여주었다. 유 아니며, 무 아니며, 유/무 아니며, 유/무 아닌 것도 아닌 사구부정(四句否定), 그것이다.

사구의 하나하나는, 있다거나 없다거나, 존재의 단편밖에 말하지 못한다. 전체를 말하려면 네 개의 진술이 하나의 언질을 이루어야 한다. 이 경우는 어쩔 수 없이 역설 — 있는 것도 아니고 없는 것도 아니다(非有非無) — 로 빠져든다. 제유는 불구이고, 역설은 모호하다(그래서 『조론』은 중도〔中道〕도 떠나라 했을 것이다). 결국 역설은 겹쳐진 제유이다. 존재를 말하는 방법은 제유 하나밖에 없는 셈이다.

이것은 무제약자를 말하는 제약적 언어 — 가르고 가리는

---

59) *Systematic Theology* I, *op.cit.*, p. 191.
60) 『조론』, 앞의 책, p. 282.

언어──의 피할 수 없는 숙명이다. 애당초 **존재**란 무엇인가라고 묻는 것부터가 당착이다. 존재는 도대체 어떤 무엇이 아닌 까닭이다. 이 물음에 붙여진 존재는 갈리고 가려진 것──존재자──으로밖에 자신을 내보일 수 없다. 드러내며 감추고, 감추며 드러내는, 이 드러냄의 현상을 나는 수사학 용어를 빌려 '제유적'이라고 부른다.

존재를 우리는 존재자로밖에, 즉 제유──전체에 대해 부분──로밖에 말할 수 없다. 존재/무는 존재의 제유일 따름이다(존재/무의 무도 존재의 무가 아니라, 즌재의 제유이다).

3장 제유

 존재는 정의할 수 없다. 가령 "존재는 심오하다"라는 것은 정의가 아니다. 그것은 동어반복이다. 심오하다는 것은, 말로 다 할 수 없다는 의미이다. 심오한 것은 말할 수 없이 심오한 것이다.

 돼지·암소·바위·나무가 '있다'고 말한다. 이 존재자들의 존재에 대해서도 우리는 다음과 같이 말하는 수밖에 없다. 존재가 있다. 이것이 우리가 존재에 대해 말할 수 있는 최선·최대·전부이다.

 그밖의 술어는 존재를 추락시킨다. 존재는 무제약자이고, 술어는 제약하는 말이기 때문이다. 인간의 언어는 존재를 한정적으로밖에, 즉 존재자로밖에, 제유로밖에 말할 수 없다.

 그러므로 존재를 말하는 것은, 말할 수 없는 것을 말하는 당착이다. 그러나 이 당착은 부질없는 것이 아니다. 모든 책은 폐기되어야 한다고 쓴 책은 당착이다. 그래도 모든 책이 폐기될 때까지 이 당착은 유효하다.

1. 흉내

유한한 인간의 언어가 존재를 흉내낼 때, 그것은 악마적이 된다. 가령 광고 언어는 본질적으로 자신의 유한성을 인정할 수 없다(스스로 불완전하다고 광고하는 광고는 없다). 거기에 광고 언어의 반(反) 신성, 반(反) 예술성이 있다. 광고 언어는 사람의 언어라는 사실을 인정하지 않는, 혹은 인정할 수 없는 사람의 언어이다.

'생명'과 같은 엄숙한 낱말도 궁극성을 부여받으면 악마적이 된다. 우주론적 '생명'은 실존적 죽음을 동정——글자 그대로 '더불어 느낌'——할 수 없다. 다음과 같은 김지하의 변명은 궤변에 가깝다.[1] "모든 생명체는 그 성장 과정에서 자기의 종(種)을 유지·발전시키고 유지·보존할 수 있는 종자를, 씨앗을 생산해내며 그 씨앗을 중심으로 해서 수많은 여백을 창출합니다. 비 온 뒤에 솟구쳐오르는 무성한 풀들의 무수한 성장을 보면 알 수 있습니다. 그것은 그 자신이 열매를 맺기 위한 종을, 씨를 보존하기 위한 필요 이상의 무한히 많은 풀들을 자라게 하는 것입니다. 바로 이것이 여백입니다. 타생명체는 바로 이 생명체의 '씨앗'이 아니라 바로 그

---

1) 김지하, 「일하는 한울님」, 『밥』, 솔, 1995, p. 69.

'여백'을 [……] 먹이로서 획득하게 되는 것입니다."

먹이 —— 먹히는 당사자 —— 도 이 주장에 동의할까? 그는 이 생명 현상을 양해할 수 없을 것이다. 그 자신은 '여백'이 아니고 구체적인 개체인 까닭이다.

사정은 보다 원죄적이다. 하나의 생명은 다른 생명을 파괴하며 살아간다(먹이사슬). 그래야 살 수 있다. 이것은 생명 현상의 떼어버릴 수 없는 어두운 뒷면이다.

우리는 이 '여백' 현상을, 화가가 식탁 위의 과일 바구니를 바라보듯 관조할 수 있다. 그러나 캔버스에 옮기고 난 과일을 화가는 바구니에서 꺼내 깨물어 먹어치운다. 생명인 사람이 생명인 사과와 생명인 쌀과 생명인 돼지의 고기를 먹는, 먹어야 사는 생명 현상은 역설이다.

생명과 죽음은 서로 등이 맞붙어 있다. 생명, 그것은 삶/죽음, 존재/무의 저 실패 놀이의 반쪽, 존재의 제유일 뿐이다. 생명 현상의 역설을 만드는 것은 바로 '생명'의 이 제유성이다.

2. 싸움터

제유는 언어의 숙명이다. 돼지 자체를 우리는 말할 수 없다. 우리는 '이른바' 없이 생각할 수 없다(따라서 말할 수도 없다). 돼지는 이른바 '더러운 돼지'이다.

'더러운 돼지'는 돼지 자체가 아니다. 그러나 돼지를 대표한다(우리가 '돼지'를 파악하고 언급하는 것은 대개 이런 식이다).[2] 그러니까 '돼지'는 돼지의 제유이다.

돼지는 사랑스런 동물일 수도 있다(애완 동물로 키우는 사람들도 있다). 돼지가 더러운 것은 사람들이 더러운 우리에 가둬 키우기 때문이다. 그래도 돼지는 역시 '더러운 돼지'이다. 그것은 마치 어머니·수녀·누이·교사·귀부인……일 수 있는 '여자'가 보통명사로 쓰이는 경우 '창녀'인 것과 같다.[3] '여자'는 여자의 제유이다.

내포가 좀더 늘어날 수는 있다. '돼지!'는, 개·고양이·소·말·늑대……가 아니라는 것뿐 아니라 다음과 같은 판단에 동의하는 것이다. 예컨대 개에 비해 더럽고, 행동이 둔하고, 무딘 이빨을 가졌으며, 집을 지킬 줄도 모른다 등등.

그러나 항상 합의에 도달하는 것은 아니다. 돼지와 개를 함께 '식품' 범주에 넣을 것인가에 대해, 개고기를 먹는 민족과 안 먹는 민족이 합의를 이룰 가망은 거의 전무하다.

개를 먹고 안 먹고는 문화적 차이에 속한다. 그러나 "개는

---

[2] "돼지는 더러우니까 돼지라고 부른다." S.I. 하야카와, 김영준 옮김, 『의미론』, 민중서관, 1957, p. 58.
[3] M. 야겔로, 「성과 언어」, 이병혁 편저, 『언어사회학 서설』, 까치, 1986, p. 187.

빠르고, 돼지는 느리다"는 것은 아무도 부인할 수 없는 자연적 사실이 아닐까? 그러나 비교——돼지는 '개에 비해' 느리다——하는 자는 인간이지 자연이 아니다.

돼지도 느리지 않다. 늘보보다는 단연 빠르다. 그러나 사람들은 늘보 고기를 먹지 않는다. 돼지가 느린 것은 사람들에게 쉽게 잡아먹히려면 충분히 느려야 하기 때문이다. 한편 개는 치타보다 느리다. 개가 빠른 것은 사냥감——누구의? 물론 사람의!——을 뒤쫓기 위해 충분히 빨라야 하기 때문이다.

게다가 돼지와 개는 사람과 한울타리 안에 동거한다(비교하기 위해서는 함께 모아놓아야 한다. 그것이 '로고스'의 기능임을 기억하자). 반면, 늘보와 치타가 우리 생활 세계 안에 등장하는 경우는 거의 없다. 돼지가 느리고 개가 빠른 것은 자연적 사실이 아니다. 인위적으로 조작된 문화적 사실일 뿐이다.

'사실'은 중립 지대가 아니다. 그것은 감정의 싸움터이다. 우리는 감정 없이, 가치 중립적으로 '돼지'를 발음할 수 없다. 그것은 '돼지'를 구성하는 의미 자질들의 힘이 서로 다르기 때문이다. '돼지'의 경우, "자기의 고기를 사람의 식품으로 제공하는 동물"이라는 의미 자질은 '애완 동물'이라는 의미 자질보다 중심적이다(즉 힘이 세다).

마침내 중심 의미가 확립되고, 명찰은 실체가 된다. 기호에 지나지 않는 '돼지'가 배고픈 자의 입 안에 군침을 돌게 만드는 것은 그래서다. 돼지는 특정한 욕망, 특정한 행위의 대상이 됨으로써 그 존재성을 얻는다(비르소 '돼지'가 된다).

의미 자질들이 고요해진 상태, 낱말의 니르바나를 가정해 보자. 그때 우리가 말할 수 있는 것은 이것이 전부일 것이다. 돼지는 돼지다. '돼지'는 무의미해지고(등어반복은 아무것도 말해주지 않으므로), 따라서 개·고양이·소·말·여우·늑대……와 의미를 다투는 일도 없을 것이다. 분별지가 멈춘 공의 세계는 일미평등하다("희론이 없으며, 다름도 없고, 분별도 없으면, 이것이 실상이라네").

반면, 식(識)의 세계——언어 세계——는 중심적 제유('더러운 돼지')와 주변적 제유('사랑스러운 돼지')가 '돼지'의 의미 중심을 차지하기 위해 서로 싸우는 아귀다툼의 공간이다.

3. 왕

의미는 기호적 사실이다. 이런저런 의미는, 기호적 사실인 점에서 크고 작은 미망에 불과하다. 진리로 불리는 것도 실은 다른 의미들을 정복——무엇으로? 힘으로!——한 미망일 뿐이다. 진리는 특권적 의미, 왕초 미망이다.

이런 의미의 중심화 현상은 어째서 생기는 것일까?

노력 절약설이 한 대답일 수 있을 것이다(즉, 사람이 게으르기 때문이다). 두말할 것도 없이 다양한 의미보다 한 가지 의미를 학습하는 것이 쉽다. 이유는 또 있다.

'특권적 미망'은 세계를 구획하고, 체계화하고, 조직하고, 고정한다. 그러면 의식은 안정을 얻는다. 보상이 있는 미망인 셈이다(그리고 이 보상이 미망의 유혹하는 힘이다). 그러나 그것은 응분의 대가──세계가 갈리고 가려지는──를 치러야 하는 값비싼 보상이다.

언어는 세계에 의미를 부여하고, 세계는 부여받은 의미에 따라 분할된다. 언어가 세계를 자르고 나누는 이유는 돼지를 자르고 나누는 이유와 같다. 먹기 위해서다.

이것이 바로 사람들이 정확한 의미, 단일 기의에 집착하는 이면이다(욕망을 달성하려면 정확해야 한다. 그 다음으로 정확성을 기하려는 욕망이 이어진다).

그러나 매번 세계를 의미 분할하는 것은 번거로울 뿐 아니라(노력 절약설이 설명하는 것은 여기까지만이다), 그것도 잠정적 의미밖에 소유할 수 없다. 소유를 확실히 하기 위해서는, 땅 주인이 분할 토지를 자기 명의로 등기하는 것처럼, 의미를 하드닝하고 의식의 장부〔藏識〕에 등재할 필요가 있다.

일단 등기가 끝나면, 이제부터 인식자는 새로운 세계를 만날 때마다, 땅 주인이 소유권을 확인하기 위해 토지 등기부만 펼쳐보면 되듯이, 등기된 의미들을 들춰만 보면 된다(그래서 말들은 상투적이 된다. 이런 말을 하는 나를 포함해 우리가 사용하는 말들은 얼마나 상투적인가).

불교 용어 '아(我)'를 이런 '의미 응결체'로 나는 이해한다. 특정 의미가 기의 중심을 장악하고 고정적 지위〔常〕를 차지하면 그것이 마치 본질적인 것, 고유한 것, 즉 자성(自性)의 자질을 갖춘 것처럼 착각을 일으킨다. 실체처럼 보이나 실은 기호에 지나지 않는 것이 '아'의 정체이다.

왕은 왕의 신분으로 태어나는 것처럼, 마치 왕이 그의 자성인 것처럼 '보인다.' 마찬가지로 '아'도 마치 실체인 양 보이는 것뿐이다.

'왕'은 왕의 자성이 아니다. '왕'이라는 호칭은 왕의 고깃덩이를 가리키지 않는다('왕'은 기호일 뿐이다. 벌거벗기고 보면 그나 우리는 모두 성기가 볼썽사나운 고깃덩이에 불과하다). '왕'은 변계〔遍計〕된 물거품, 아지랑이, 파초, 허깨비……일 뿐이다.

'왕'은, 왕 아닌 자들을 왕 아닌 자로 배제하는 동시에 왕의 '왕이 아닐 가능성'을 배제하는 이중의 아포하이다. 그러나 배제는 임의적이고, 따라서 완전할 수 없다. 그 불완전성 — 나의 용어는, 제유성 — 은 때때로 광기로 나타난다. 모든 왕은 본질적으로 폭군이다.

이 모든 과정을 거쳐 중심 의미가 정해지고, 개념화가 마무리되면, 피비린내 풍겼던 아포하 과정은 잊혀지고, 세계는 처음부터 지금 이대로 있어온 것처럼 보인다. 이것이 사전적 정의(定義)의 출생 비밀이다.

4. 명명

인류 창조담은 언어 행위와 관련된 세 토막의 장면을 소개하고 있다.

1) 아담이 생물들에게 이름을 지어준다. (「창세기」 2: 11)
2) 하와의 등장. 아담은 그를 '여자'라고 부른다. (2: 23)
3) 아담은 여자를 '하와'로 명명한다. (3: 20)

1)은, 갓 말을 시작한 아이의 그것처럼 아직 사소적(辭素的)인 옹알이에 불과하다.

2)는, 아담이 자기 앞에 모습을 드러낸 하와를 보고 터뜨리는 환호성이다. 비로소 완전한 문장의 꼴을 갖춘 말이 나타나고 있다("이 '여자'야말로 내 뼈 중의 뼈요, 내 살 중의 살이로다!").

3)은, 남녀가 추방당하기 직전의 시점으로, 2)와 같은 활달한 문장을 기대하기가 어려운 상황이다. 성서학자 서인

석은 3)을 "인간이 이제부터 언어를 상실한" 상황으로 보았다.[4]

1)은 아직 언어가 아니고, 3)은 언어의 상실이다. 2)만이 진정 인간의 언어인 셈이다. 그것은 서로가 서로에게 "내 뼈의 뼈, 내 살의 살"이 되어주는 황홀한 언어이다.

지배/피지배가 세상에 온 것은 이 황홀한 언어의 상실과 관계가 있다. 3)의 장면은 저주의 절 ── "이제부터 너는 몸달아하고, 그는 너를 지배하리라"(3: 16) ── 에 이어져 있다. '하와'라는 이름이 남자의 지배 행위와 관련이 있음을 암시하는 문장 배열이다(명명은 명령이다).

원죄 신화는 명명·인식·지배, 이 삼자의 공모 관계를 잘 보여주고 있다. 타락이 가져온 첫번째 변화는 인식의 눈뜸이었다. 알몸의 부끄러움을 몰랐던(2: 25) 남녀가 범죄 후 드디어 눈이 열려 자신들이 알몸인 것을 깨닫는다(3: 7). 서로가 서로에게 '살의 살'이었던 두 사람은 이제 낯가리는 타인이 된 것이다. 이어, 황홀한 언어가 지배의 수단으로 전락한다.

인식과 명명은 낯섦을 익숙함으로 바꾸는, 타자를 자기에게 동화하는 행위이다. 인식자와 명명자는 지배하는/하려는 자다. 상대가 '돼지'인가, '하와'인가는 중요하지 않다.

---

4) 서인석, 『한 처음의 이야기』, 생활성서사, 1986, p. 67.

5. 엄마

 모든 낱말 뒤에는 욕망이 똬리를 틀고 있다. 가장 신성한 낱말, 가령 '어머니'도 예외가 아니다.

 '엄마!'는 '맘마!'와 동근원적이다. '엄마'는 아가에게 '맘마'의 욕구에 부응하는 존재이다. 엄마는 그 욕구의 실현을 대행하는 '맘마-엄마'이다(이것이 나이가 차면 '맘마'라고 해서 안 되듯이, '엄마'라고 불러서 안 되는 이유이다).

 '어머니'는 식욕의 대상이 아니다. 어머니는 '효'의 대상이다. 어머니의 자리는 위(胃)가 아니라 영혼이다.

 엄마가 어머니로 정신화──육체가 주변화──하는 과정은, 식욕의 대상인 '돼지'에 요리법과 까다로운 식사 격식이 부가되고(아름답고 세련되게 먹는 것은 권력의 기호〔嗜好, 記號〕이다), 마침내 격식이 식욕보다 중요해지는 과정에 상응하는 변화이다.

 그러나 격식은 욕망에 본질적인 것이 아니다. 배고픈 자는 격식을 무시하고 허겁지겁 먹는다. 어머니 뒤에 엄마가, 엄마 뒤에 맘마──맘마의 욕망──가 웅크리고 있다.

 한편 로맨틱 남자의 여자는 대개 어머니-여자로 시작하여 맘마-여자로 끝난다. 즉, 먹을 것으로──

6. 싸움터

 낱말과 마찬가지로, 텍스트도 싸움터이다. 해석은 텍스트의 의미 중심을 장악하려는 도전이다. 마침내 하나의 해석이 고지를 점령한다. 그러면 텍스트의 의미 중심이 정해지고, 텍스트는 안정을 찾는다(사람들은 대개 혼란보다 안정을 원한다).

 결국 해석이란, 강한 해석이 약한 해석을 밀어내는 폭력 행위와 다름없다. 최강자 해석이 텍스트의 '의미'가 된다. 의미/무의미는 사실의 유/무가 아니라, 해석의 강/약을 나타낸다.

 해석은 그런 점에서 유언비어와 비슷하다(알고 보면 유언비어도 어떤 사실의 해석이다). 유언비어도 진실임을 주장한다. 때로 유언비어는 진리를 놓고 정통 해석과 경쟁한다(또는 정통 해석을 시험한다). 사실에 근거하지 않고도 해석과 유언비어 모두 힘을 발휘할 수가 있다.

 유언비어의 발생 동기는 역사의 그것과 동일하다.[5] 통일성과 일관성을 확보하는 것이다(그럼으로써 눈앞의 사건/사실을 손아귀에 넣을 수 있다). "불일치는 불편한 것이다. 따

---

5) 1장의 「10. 얼빠진, 얼 빼는」 참조.

라서 사람은 i) 불일치를 줄이려 하며, ii) 모순을 증가시킬 가능성이 있는 상황이나 정보는 애써 외면하려 할 것이다. [……] 유언비어는 모호한 상황을 이해하려는 성실한 시도일 따름이다."[6]

해석의 경우도 같다. 해석은 유언비어가 성실한 만큼 성실하다(그 이상도 이하도 아니다).

실은 텍스트 자체가 이미 해석이다. 하나의 텍스트가 정연한 체제를 이루고 있다는 것은 그것이 이미 해석의 산물이라는 사실을 말해주는 것이다. 그것은 신도시 개발에서 보듯이 폭력적으로 '질서 잡혀진 혼돈'이다(질서를 타협으로 얻는 수도 있다. 그러나 타협 역시 대개는 폭력과 기만으로 이루어진다).

그러므로 텍스트는 천의무봉의 날개옷이 아니다. 잘 짜여진 직물 같은 텍스트도 반드시 전투의 흔적 ── 구멍·모순·생략·비약 등등 ── 이 남아 있게 마련이다. 모든 텍스트는 해석적 부조화와 갈등의 요소들로 구성된 복합체이다. 비평은 텍스트의 그 점을 드러낸다.

물론 비평도 해석이다. 해석이므로, 비평은 편견을 피할 수 없다(텍스트를 일사불란한 의미체로 만드는 것은 이 편견이다). 그러나 좋은 비평은 편견을 '방법적으로' 끌어들인

---

6) 원우현 엮음, 『유언비어론』 서문, 청람사, 1982, p. 17.

다. 그래서 비평의 자의식은 일종의 죄의식을 수반하지 않을 수 없다.

7. 똥막대기

"망치, 집게, 톱, 나사 돌리개, 자, 아교 단지, 못과 나사들이 들어 있는 도구 상자 안의 도구들을 생각해보라. 이 도구들의 기능만큼이나 낱말들의 기능도 다양하다."[7]

도구와 낱말은 기능의 다양성만 닮은 것이 아니다. 도구마다 하나의 중심적 용도가 있다. 이 하나의 중심적 기능이 그 도구의 도구성을 결정한다. 가령 망치의 중심적 기능은 못을 박는 것이다. 망치는 못을 박기 때문에 망치이다. 낱말의 의미가 결정되는 메커니즘도 이와 같다(앞에서 누누이 말한 바다).

망치는 못을 박기 위해 있다. 그러나 누가 박는가? 물론 사람이 박는다. 왜 박는가? 사람의 옷을 걸기 위해서다(못을 박는 것은 단지 못을 박기 위해서가 아니다). 이처럼 도구의 '위하여' 연관 맨 끝에 자리잡는 것은 '마음쓰는' 인간이다.

마음씀 가운데 만나게 되는 존재자를 하이데거는 일괄 '도

---

7) 비트겐슈타인, 이영철 옮김, 『철학적 탐구』, 서광사, 1994, p. 24.

구'라고 부른다.[8] 망치·집게·톱……만이 아니라, 모든 존재하는 것은 '도구'인 셈이다. 존재자는 그냥 거기 놓여 있지 않고, 우리의 마음씀 앞에 놓여 있는 것이기 때문이다. 유식은 이 마음씀의 뿌리를 드러냈다(돼지가 있다. 잡아먹자!).

낱말들이 도구라면, 낱말 사전은 예컨대 주방 기구의 사용법 매뉴얼과 같은 것이다. 그것은 법률책이 아니라 용례집이다.

그러나 용례도 굳어지면 법률이 된다. 사전은 용례를 한정하고 일탈적인 사용을 규제한다. 순진한 주부는 매뉴얼이 지시하는 대로, 중심적 기능에 따라, 혹시 지시를 어기고 있는 것은 아닐까 조바심하며 기구를 사용한다.

그러나 전위예술가는 동댕이쳐 그것이 깨어지는 소음을 듣는 데에 전기 믹서를 '사용'할 수 있다. 그렇지 못할 '법'은 없다(이때의 '법'은 불교 용어 '법'과 정확히 일치한다. 전위예술가는 사물의 이 '법'을 깨뜨린다. 전기 믹서를 깨뜨림으로써 그가 보여주는 것은 이것이다. 전기 믹서는 '다르마'가 없다).

'법'을 물으면 선사(禪師)들은 넌센스로 대답한다(커먼센스야말로 '세속제[世俗諦]'가 아닌가). 그들은, 마치 전위예술가처럼, 기표/기의를 뒤죽박죽으로 만들어버린다. 제법무

---

8) M. 하이데거, 이기상 옮김, 『존재와 시간』, 까치, 1998, p. 100.

아(諸法無我)다. 쨍그렁 소리를 위해 '사용'하는 경우, 전기 믹서는 깨어지기 위해 '존재'한다(사용=존재). "란카 왕이여, 그대는 병(甁)이 무상하게 부서지는 법칙을 보지 못했는가!"[9)]

그 결과로 나타나는 부처 —다르마의 실상— 의 모습은 예측할 수 없다. 이때 '부처'는 낱말의 '용례'(비트겐슈타인의 용어)가 무한대로 열린 기표이다. 'x'다. '부처'도 다른 이름자들처럼, 물거품, 아지랑이……일 뿐이다. 경전이 엄숙장엄하게 선포해 놓은 '부처'가 똥막대기로 굴러떨어질 수도 있다. 시가 하는 짓도 비슷하다.

조주의 신발 한 짝……

---

9) 『한글대장경 입능가경』, 동국역경원, 1989, p. 35.

보탬말[1)]

그들은 문학이 위기에 처해 있다고 말한다. 문학의 무엇이 위기에 처했는가? 판매 부수가? 그것도 하나의 지표가 될 수 있을 것이다.[2)] 그런데 안 팔린다는 것은 안 읽힌다는 뜻

---

1) 이 책의 1, 2, 3장은 짬짬이 쓴 토막글이다. 비망록인 셈이다. 이런 경우 오류(인용한 남의 생각에 대한 오해), 모순(같은 나의 생각이면서 앞뒤가 안 맞는), 착종(본질적인 것과 부차적인 것이 뒤섞임 혹은 뒤바뀜)을 거의 피할 수 없다. 이런 사태는 쓴 입장에서는 착잡하지만, 읽는 사람은 즐거움일 수 있다. 꽉 짜인 글은 꽉 죄는 옷처럼 사람을 숨막히게 만든다. 텍스트의 빈틈은, 메우고 꼬집고 뒤집는 '변태'(롤랑 바르트의 용어)의 즐거움을 준다. 그러나 쓴 당사자로서는 암만해도 켕기는 일이다. 그래서, 사족──더 잘못될 수도 있다──이 될 수 있는 보탬말의 형식을 빌려서라도 기왕의 생각들을 좀더 가지런히 마름질할 필요가 있었다.
2) 그러나 위험한 지표다. 판매 부수에 의한 평가는 담론의 질을 양──교환 가치──으로 환원함으로써 시장의 메커니즘에 휘말리게 된다. 피에르 지마가 인용하고 있는 대화는 끔찍하다. "이거 좋은 책인가요?" "물론이죠, 베스트 셀러인걸요." 다음과 같이 물을 때, 우리는 이 지표 자체를 문제삼는 것이다. 어째서 진정한 문학 담론은 시장에서 도태당할 수밖에 없는가?

이다. 무엇이 안 읽히는가? 책의 내용물, 문학 담론이 안 읽히는 것이리라.

그러니까, 작금의 위기는 담론 세계 내 사건이다. 문학 위기론은, 문학 담론이 담론 일반 가운데에서 겪는 실추에 관한 보고 혹은 소문이다. 문학 담론 대 담론 일반이다. 문학 담론이 대결하는 것은 특정 담론이 아니다. 적수는 담론 일반이다. 문학의 실추는 정해진 것이다.

사유는 노예의 소관이 아니라는 말에는 진리가 들어 있다(위대한 사상가의 말은 실언조차도 음미해볼 가치가 있는 법이다). 일 속에 빠져 사는 동안 우리는 가령 "나는 누구인가" 하는 따위의 근원적인 질문을 스스로에게 던져볼 여유——아리스토텔레스가 말한 자유인의 유한(有閑), 노예의 노동 덕분에 누리는——를 가질 수 없다.[3] 작금의 주제는 근원적 질문을 잊어버린 이 사태와 상관이 있다. 문학의 위기는 '빠져 사는,' 즉 노예가 되어버린 우리의 실존적 상황을 지시한다.

'빠져 사는' 자도 어쩌다 자신의 정체성에 대해 자문할 수 있다. 그러나 이 경우는 답이 미리 나와 있다(그래서 진정한 의미의 물음이 아니다). 그는 대답할 것이다. "나는 남자다."

---

3) 흥미롭게도, 정신분석의 담론도 긴 의자 위에 드러누운 피분석자와 안락 의자에 앉은 분석자의 사이에서 이루어진다(두 사람 모두 가장 편한 자세다). 그럼으로써 두 사람의 심적 에너지가 물 흐르듯 언어로 모아지고 무의식의 진실에 이르게 되는 것이다.

몇 개의 술어를 덧붙일 수도 있다. "나는 잘 나가는 올 서른 두 살의 신체 건강한 대한민국 남자다"(이런 덧붙임은, 원리적으로는, 무한정 길어질 수 있다). 그러나 그것들은 본질적으로 한 가지 상황—그리고 그 상황 속의 의식—에 연결되어 있다. '빠져 사는' 삶 그것이다. 그 진술과 진술의 요소들은 한결같이 나의 '빠져 사는' 삶을 가리킨다.[4]

2인칭이나 3인칭으로 바꿔도 사태는 바뀌지 않는다. 술어로 말하는 한 거기서 빠져나올 수가 없다. 술어는 '빠져 사는' 삶을 형식화한 진술 형식인 까닭이다. 어째서 그런가?

"나/너/그는 남자다." 이 진술은 주어와 술어가 서로 자명하게 동일한 것이 아니라는 전제하에서만 의미가 있다. 그러니까 서로 다른 것으로 전제된 것이 서로 같다고 선포되는 것이다. 그래서 술어는 명령—다름을 같게 하라!—을 함축한다. "너는 남자다"라고 할 때, "……이다"는 또한 "……이어야 한다"이다. 좀 사나이다워라, 여자처럼 굴지 말라 등등.

술어 사용은 자기 고추를 과대 평가 하는 사내애를 닮았다. 진술이 술어를 가져야 하는 것은 모든 사람, 모든 생물,

---

4) 혹자에게는 '나'의 정체성이 자명해 보일지 모른다. 그러나 장자는 '나'의 술어가 어디까지 미끄러질 수 있는가를 극단적으로 보여주었다. 그는 '나비의 꿈'에서 묻고 있다. "주(=장자)가 꿈에 나비가 되었는가, 나비가 꿈에 주가 되었는가?"

모든 사물이 음경을 가져야 하는 것과 같다(전자는 진술 문법이고, 후자는 외디푸스 콤플렉스를 겪기 이전 사내애가 품는 신념이다). 그래서 음경 없는 몸을 발견했을 때 사내애는 당황한다. 그러나 아이는 곧 자기가 실은 고추 달린 계집애를 보았던 거라고 상상해버린다. 사내애는 음경 없는 존재를 동어반복적 — "여자는 여자다" — 으로 사고할 수 없다. 담론 역시 술어 없는 진술을 생각할 수가 없다. 그래서 그들은 구멍밖에 없는 존재를 용납하지 못한다.

"인간은 이성적 동물이다"라는 오래된 명제도 직설법과 동시에 명령법으로 읽힌다. 너는 이성적 동물이다, 고로 이성적 동물이 되어라. 이 명제를 고수하는 한, '이성'의 범주를 벗어나는 인간은 비난을 면치 못한다.

그러나 알고 보면 '이성적 동물'은 엉성한 절충주의의 산물이다. 인간의 이성과 동물성이 함께 표명되고 있기 때문이다. 실로, 인간은 자명하게 이성적 존재가 아니다. 인간이 이성적 존재라는 정보는 인간은 야수라는 정보보다 더 진실한 것이 아니다(생생하기로 친다면 후자가 더 진실에 가까울 것이다). "인간은 이성적 동물이다"라는 명제는 상반되는 두 정보의 불안정한 혼합이다.

그럼에도 불구하고 동물성과 이성적 존재 사이의 균형은 이미 기울어 있다. 명제는 사뭇 명령조로 말한다. 너는 이성적 존재가 되어야 한다, 동물성은 버려야 할 자연의 유산에 지나지 않는다 등등. "인간은 한때 동물이었다. 그러나 지금은……"이라고 명제는 말하고 있다. 그 과거지사—인간이 동물이었던—가 과거지사로 만들어지는 것은 물론 현재—'지금은……'—로부터다.

현재는 물론 나의 현재다(나 말고 누구의 현재일 것인가). 그런데 현재 시제는 나의 현재 존재를 가리킴과 동시에 나의 미래 존재를 가리킨다. 왜냐하면, 나는 아직 이성적 존재가 아닌 까닭이다. 이성적 존재는 당위성으로서 나의 의지 앞에 놓여지는 나의 미래이다. 이 명제를 발음할 때, 나는 이성적 존재가 되어야 한다는 현재의 나의 요구, 즉 나의 미래를 드러내고 있는 것이다.[5]

'……이다'는 '……인가?'도 함축한다. 이것은 무엇인가? 술어란, 무엇임을 묻는 질문에 대해 앎이 주어지는 형식이다.[6] 질문을 던지고 대답이 주어지기 전까지 그것은 아직 미결 상태에 있다. 술어는 미결정의 것을 결정적인 것으로 바꾸는 장치이다.

그 장치는 생존을 위해 편리하고, 또 필수적이다. 낯선 외

---

5) 이 '미래'를 구실로 국가는 뺏고 억누른다. 1장의 「9. 시간 죽이기」참조.
6) 거꾸로, 소위 비명제적 진술은 명제적 진술을 함축한다. "저 가위를 주실래요?" "잔디밭에서 냉큼 나오거라!" 이런 수행 언어도 실은 다음과 같은 문장에서 파생된다. "가위는 자르는 도구다" "잔디밭은 금지된 구역이다."

적·내적 세계를 다루는 가장 효과적인 방법은 그것을 쪼개 정복하는 것이다. 그렇게 쪼갠 사물의 한 조각이 술어에 담긴다. 술어는 사물을 있는 그대로 드러내는 것이 아니다. "하늘은 푸르다"라는 문장은 하늘의 파편들을 담고 있을 뿐이다. 왜냐하면, 첫째, 하늘은 늘 푸르지만은 않다(몇 분 뒤에 검게 변할 수 있다), 둘째, 푸른 것이 모두 하늘은 아니다(누런 것이 다 황금이 아니듯이. 누런 것 중엔 똥도 있다).

술어는 가르고, 가린다.[7] 그래서 사물[8]은 술어로 온전히 환원되지 않는다. 무엇은 무엇이다, 라는 진술에서, 주어 무엇과 술어 무엇은 같기 위해 달라야 한다.[9] 헤겔의 지적처럼, 다른 것—자기가 아닌 것—과 관계하는 것이 아닌 '관계'란 무의미할 것이다. 다름을 전제하지 않고 같음을 논할 수 없다. 동일성은 비동일성의 동일성이다.

비동일성이 술어의 전제다. 그래서 술어의 동일성은 유한적일 수밖에 없다.[10] 그래서 같은 사물의 술어끼리도 서로

---

7) 우리말 '가리다'는 '선별하다'와 '은폐하다'의 두 가지 뜻으로 쓰인다.
8) 객체화 이전의 사물/사태.
9) 주어와 술어는 같지 않아야 의미를 생산한다. "하늘은 푸르다"라는 진술에서, '하늘'과 '푸르다'는 각기 다른 계열체—하늘은 땅, 바다……의 계열, 푸르다는 빨갛다, 노랗다, 까맣다……의 계열—에서 꺼내져 합쳐진다. 그래서 몰랐던 정보가 얄려진다. 동어반복이 무의미한 것은, 의미를 만드는 주어와 술어의 이 다름이 부재하는 탓이다.
10) 3장 제유 참조.

빗나가는 것을 피할 수 없다. 누구 말처럼, 같은 책상의 술어가 물리학자에게는 전자·양자·중성자 등의 집합, 예술사가에게는 바로크 예술품, 경제학자에게는 일정한 화폐 가치가 될 것이다.

술어들은 이 불협화음을 피할 수 없다. 그것은 술어들이 사물에 속하지 않고 말/생각하는 주체——데카르트적 '나'거나 사회학적 집단 주체거나 상관없다——에 속하기 때문이다. 술어는 사물을 대하는 인간 주체의 지각·판단·선택·결단·실천 따위를 반영한다. 거기서 사물은 반영되는 것이 아니라 구성된다. 그 결과로 존재가 주/객으로 나뉜다. 주체는 술어를 부여함으로써 사물을 객체로 만든다. 술어를 부여받은 사물은 객체로서 인식되고, 표상되고, 처분된다. 술어는 자연 지배와 인간 지배를 가능케 하는 도구이다.[11]

---

11) 데카르트의 '생각한다'는 '의심한다'이다. 의심의 여지가 없는 것이 진리이다. "나는 생각한다"로부터 출발하는 한, 사유는 술어를 떠날 수 없다. 진리란 의심의 여지 없는 술어를 의미하기 때문이다. 술어는 확실할 필요가 있다. 확실히 장악하고 소유하고 지배하기 위해서, 학문은 확실한 술어가 필요하다. 자연과학에서 사물은 물리 술어로 옮겨지고, 정복된다. 그러나 '생각'은 당초 철학적 사유의 출발점이 아니었다. 철학의 시작은 놀람이었다. 물론 '나'가 놀란다. 그러나 놀라게 하는 것은 '나'나 나의 '생각'이 아니다. 그리스인들에게 가장 놀라운 것은 '있다'는 사태였다. 이런저런 술어적 사실로 있는 것이 아니라 있다는 사실 자체, 있는 그대로가 그들을 놀라게 했던 것이다. 가장 근원적인 사유——'술어 없이 있음'을 사유하는——는 술어 없는 언어, 시의 언어로 말해야 한다.

술어는 지시하고 분류하고 고정시키는 의식 활동의 발자국[12]이다. 술어는 사물을 이런저런 표상으로 밀어넣고 나머지는 잘라버린다. 그럴 필요가 있다. "나는 남자다." 남자라는 술어적 존재자로서 나는 존재한다. 그리고 내가 나를 남자로 표상하는 것은 어떤 목적 — 가령 훌륭한 신랑감으로 판매 — 을 위해서이다.

술어는 생존의 도구이다. 술어를 부여받고 사물은 객체 — 주체가 다룰 수 있는 대상 — 가 된다. 술어의 세계는 도구의 집합으로 나타난다. 『존재와 시간』 이후 우리는 이 사실을 더 잘 이해할 수 있게 되었다. 대상들은 우리의 눈앞에 그저 놓여 있는 임의의 사물이 아니다. 그것은 어떤 쓰임에 부응하는 사물, 즉 도구로서 존재한다. 그런 점에서는 눈보다 손이 더 근원적인 인식 기관이다(망치가 '망치임'이 알려지는 것은 봄에 의해서가 아니라, 손아귀에 그것을 잡고 내려칠 때다).

손아귀 안에 든 도구는 뭔가를 위해 쓰인다. 도구는 '왜' '때문에' '위하여'의 의미 연관을 가리키고, 다시 그 너머로 인간 존재의 욕망 — 하이데거는 '염려'라고 한 — 을 보여준다. 술어는 사물을 다른 무엇으로 표상한다. 그런데 그 다

---

12) '발자국'은 의식 활동을 일컫는 불교의 행온(行蘊)을 염두에 둔 은유이다.

름이 유래하는 곳은 진술자의 주관이다. 표상은 표현——욕망의——으로 물든 세계를 보여줄 뿐이다. 세계는 도구의 집합이기에 앞서 욕망의 집합이라고 해야 할 것이다. 술어의 세계는 먹고 먹히는 사냥터이다.

도구 사용자는 또한 술어 사용자이다. 술어는 유용한 도구이다. 술어가 고정되지 않은 정보는 정보가 될 수 없다(무용한 정보란 형용 모순이다). 미/불확정인 술어는 협정·합의·계약을 혼란으로 빠뜨리고, 사회와 국가는 위험해질 것이다. 불확실성으로부터 생의 안전을 도모하기 위해 그것은 꼭 필요하다.

그러나 인간은 겨우 목숨을 부지하는 것으로 만족하지 못한다. 술어 본능의 배후에는 권력 의지가 도사리고 있다. 욕망하는 존재는 욕망의 쓰임새에 따라 세계를 구성할 것이다. 구성 수단은 술어다. "이것은 무엇이다"라는 진술에서, 이것은 무엇에 쓰일 무엇이다. 술어는 도구이자 도구의 도구인 셈이다. 그는 술어로써 사물을 도구화하고, 그 도구를 쥔 손은 세계 정복에 나선다. 술어는 국가적·제국적 욕망과 결부되어 있다.

이는 '왼쪽으로부터' 읽는 것으로 해결될 성질의 문제도 아니다. 칼 포퍼에 의하면, 가령 "중중성자는 두 개의 중성자로 구성된 불안정한 조직이다"라는 문장은 "중중성자는 무엇인가?"라는 물음에 대한 답이 아니다. 그것은 다만 "두 개의 중성자로 구성된 불안정한 조직"을 무엇이라고 부를까 하는 물음에 대한 답변일 뿐이다. 그의 재치 있는 설명에 의하면, 철학자는 주어——문장의 왼쪽에 있는——에 대해 술어——오른쪽의——로 대답하고, 과학자는 오른쪽에서 왼쪽으로 읽는다.

그러나 '중중성자'는 부호일 뿐이다. 반드시 '중중성자'로 불러야 할 이유도 없다. 약정하기에 따라서는 '풍뎅이'라고 불러도 상관없고, 포퍼의 말마따나 아예 이름을 붙이지 않더라도 물리학은 '중중성자' 연구를 계속할 수 있을 것이다(의사 소통에 다소 번거로움은 따르겠지만).

철학은 그럴 수 없다. 철학자에게 주어지는 주어는, 과학자의 그것과 달리, 닳도록 사용되어 그 술어가 굳어진 낱말이다. 그가 할 일은 술어를 해체하고 바꿔 끼움으로써 주어를 구출하는 것이다. 그의 왼쪽은 아무래도 상관없는 임의의 부호가 아니다.

차라리, 그것은 도구로서의 언어와 사물로서의 언어 사이에서 야기되는 사태라고 할 것이다. 이 구분은 사르트르의 말썽 많은 이론에서 빌려온 것이다. 그에 따르면, 산문 언어는 도구이고, 시 언어는 사물이다. 비유하면, 산문 언어는 창(窓)과 같다. 그것은 언어 너머로 사물을 가리킨다. 반면 시 언어는 그 자체가 사물처럼 존재한다. 산문은 언어를 도구처럼 이용한다. 시는 언어에 봉사한다.[13]

사르트르의 이런 주장은 사물과 기의를 혼동했다는, 그래서 기표·기의·지시체라는 기호의 삼각형을 불구로 만들었다는 비난을 듣는다.[14] 그러나 '사물'을 고지식하게 축자적으로 알아들을 필요는 없을 것이다. 사르트르의 '사물'은 약간의 아량과 약간의 수고를 기울여 구출할 필요가 있는 개념이다.

도구로서의 언어는 창에 비유되었다. 창은 투명하다. 창은 스스로를 가리키지 않는다. 자기 너머로 자기 아닌 것을 가리킨다. 이 비유는 '사물'이라고 칭한 시의 언어가 무엇을 가리키는지를 암시해준다. 즉 시 언어는 스스로를 가리킨다. 시는 자기 반사적이다.

직접 들어보자. "시인은 사물들을 그 이름으로 인지하지 않고 우선 사물 자체와 침묵으로 접촉을 갖는다." 인용에서 보듯, 그는 시의 언어와 지시체 사물을 혼동하지 않았다. 정확히, 시 언어는 사물과의 '침묵의 접촉'이다. 사물로서의 언

---

13) 하이데거에 의하면, 존재에 봉사하는 것이 시의 영광이다. 같은 사실이 사르트르에게는 시의 불모성을 의미한다. 두 사람의 차이는 무용성에 대한 태도의 차이에 기인한다. 인간을 현존재——존재가 현현하는 거기——로 보는 하이데거에게 존재는 유용/무용을 넘어선 위엄인 반면 선택·창조·행동하는 사르트르의 인간은 그의 주도권——존재를 자기 것으로 만드는——을 양도할 수 없다.

14) 김현, 「시의 언어는 과연 사물인가」, 『김현 전집』 제11권, 문학과지성사, 1991, pp. 158~59.

어란 이 침묵의 접촉, 모종의 언어 사태를 지칭하는 은유인 것이다. 그러므로 사르트르의 사물이 기호론을 불구로 만들었다는 비난은 정확하지 않다.

도구적 언어관에 따라 시를 과소 평가 했음에도 불구하고, 사르트르는 시의 본질을 꿰뚫어보았다. 시는 언어를 도구로 사용하지 않는다. 시 언어는 사물을 도구로 이용하는 도구, 혹은 사물을 대신하는 기호가 아니다. 시는 사물을 사물로서 드러낸다. 시는, 사물이 스스로 말하게끔 말한다. 사물로서의 언어, 말의 물성[15]은 비술어적으로 말하는 언어 사태를 지칭한다. 사르트르의 침묵의 접촉 시학은 "정보를 담지 않은 침묵의 음악" "질료 없는 시"를 쓰고 싶어했던 말라르메의 꿈——"존재하지 않는 것만큼 아름다운 것은 없다"——에서 그다지 먼 것일까?[16]

"인간은 이성적 동물이다"라는 명제도 주어의 창 너머로 술어를 가리킨다. 즉 '인간'을 통해 '이성적 동물'을 바라보

---

15) 이 '물성'을 하이데거의 '사물'보다 더 잘 주석할 개념은 없을 것이다. 하이데거에게 '사물'은 고유하고, 조작할 수 없고, 술어화할 수 없는 존재 사태의 명칭이다.

16) 그러나 의미론적 전언을 완전히 배제한 구성 언어——음성적 조직만으로 구성되는——란 순이론적인 가정이다. 최소한의 기의도 지시하지 않는 기표는 미끄러질 수조차 없을 것이다. 기표는 미끄러지며 기의를 농락한다(즉 농락당할 기의가 전제되어 있어야 한다). 미끄럼틀 없이 미끄럼을 탈 수는 없는 노릇이다.

고 있다. 시는 창이 없다. 사물과 침묵으로 접촉하는 언어는 '인간'을 다음과 같이 언급하는 수밖에 없을 것이다. "인간은 인간이다." 즉자에 대해 "존재는 그 자체로 있다"고 썼던 사르트르의 '사물'에 대한 생각에는 일관성이 있다. 사물을 사물로서 반사하는 언어는 동어반복이 될 수밖에 없다.

시는 동어반복으로 말한다. 시인은 '님은 님이심'을 말하기 위해 이런저런 술어를 '다만' 시험해보는 것처럼 보인다 (만해의 '님'을 부처·조국·연인 따위로 풀이한 해설의 유치함을 상상해보라). 이 사실은 예술가에게는 거의 기질적일 만큼 익숙하다. 그들은 자기 작품에 구차한 해설을 붙이지 않는다. 타인의 친절한 설명도 달가워하지 않는다. 가령 시 「초혼」은 결코 난해하지 않으나, 설명할 수 없다.

「초혼」은 비탄의 감정을 격하게 토해내고 있다. 진술을 인지적 진술과 표현적 진술로 나누고 시를 후자에 배정하는 전통적 분류법에 따른다면, 「초혼」은 자명하게 시다. 그러나 "별빛이 구슬프다"가 "하늘은 푸르다"보다 자명하게 더 시적인 것은 아니다. 시인의 정서를 표현/표출하는 것이 시라는 주장은, 하이데거도 지적했듯이, 근대적[17] 주관주의 미학의 편견에 불과할 것이다.

속사포처럼 숨가쁘게 토하는 「초혼」의 말들은 의미를 음

---

17) 그러나 플라톤주의로까지 거슬러 올라가는.

미할 겨를조차 주지 않는다. 그것은 슬픔을 서술하지 않는다. 그 언어는 슬픔의 결정체, 혹은 사물화한 슬픔이다. 「초혼」은 술어가 없다. 이것이 「초혼」에 대해 일급의 평론가들이 말이 없는 이유이다. 「초혼」을 가장 잘 읽는 법은 영탄으로 영접하는 것이다. 그리고 말을 잃는 것이다.

술어는 물론 포기할 수 없다. 하이데거가 도구성을 분석하는 것으로 현존재 탐구를 착수했던 것에는 충분히 이유가 있다. 인간은 도구 없이 살기 힘들다. 도구적 인간에게 시는 사치에 속할 것이다. 시가 허기를 채워주지 못한다는 것은 누가 뭐라 해도 진실이다. 그러나 빵만으로 살 수 없듯이, 도구로서의 언어만을 영위하는 것은 인간의 품위를 치명적으로 손상시킬 것이다. 가령, 사자는 양을 '먹을 것'이라는 술어로밖에 인식하지 않는다. 사자는 동어반복 —— 양은 양이다 ——을 알지 못한다. 그래서 사자는 시를 못 쓴다.

술어는 사물에 근거 —— 왜, 때문에, 위하여 ——를 부여한다. 인간은 술어를 부여함으로써 사물을 파악하고, 다룰 수 있는 것으로 만든다. 그는 주어진 술어 이외에 다른 것으로 존재할 수 없는 운명을 사물에게 덮어씌운다. 그리하여 술어가 사물의 전부, 사물 자체가 된다. 이는, 술어에서 풀려난 사물은 무를 감수해야 하는 것을 의미한다. 그래서, 하이데거 투로 말하면, 사물은 무로 돌아감으로써 비로소 자기 안에 머물고, '보호된다.' [18]

인간은 술어를 말함으로써 사물에 존재를 부여한다. 반면, 동어반복 가운데에서는 주어가 말한다. 우리는 주어가 건네는 말을 귀기울여 듣는다(말하는 자는 들을 수 없다. 입을 다물고 귀를 기울이는 자만이 들을 수가 있다). 이로써 동어반복의 비판성이 뚜렷해진다. 술어는 쓸모를 따지지만, 시는 사물을 사물 자체로서 대하고, 드러낸다. 시는 산술을 모른다. 그리고 이것이 시가 담론 일반 가운데 던져졌을 때 그토록 낯설게, 즉 신선하게 혹은 엉뚱하게 느껴지는 이유이다.

술어에서 풀려난 언어는 낯설 뿐 아니라 위험하다. 통상 산다는 것은 술어를 만드는 것인 까닭이다. 인간은 술어를 만들며 살고, 살기 위해 술어를 만든다.

그러나 그 존재를 목적으로 대접하고 수단으로 삼아서 안 되는 대상은 인간 존재만이 아닐 것이다. 모든 존재자가 그 자체로서 대접받을 권리가 있음을 인정하자. 술어는 그럴 수가 없다. 술어는 장악·소유·지배하는 욕망의 도구인 까닭이다.[19]

술어는 언어 텍스트에서만 문제되는 것이 아니다. 미술 텍

---

18) 이 대목에 이르러 나는 확신할 수 없게 되었다. 플라톤을 놀라게 한 것이 이데아였다면, 그래도 그것을 가장 무겁다 할 수 있을까? '자기 안에 머무르는' 이데아는 술어의 무게를 갖지 않는다. 즉, 가장 가벼울 수도 있다.

19) 2장의 「5. 돼지!」에 대한 분석 참조.

스트 —음악은 물론이고— 를 '읽는' 데에도 그것은 문제적이다. 하이데거는 묻는다. "고호의 그림이 있다. 〔……〕 여기에 무엇이 있는가? 캔버스인가? 붓이 지나간 자국인가? 색색의 점들인가?" 고호의 그림은 어느 술어로도 요해되지 않는다. 그것은 술어의 그물을 던져 붙잡을 수 없다. 마치 손바닥에 담은 물이 손가락 사이로 빠져나가듯 고호의 그림은 술어들의 사이사이로 빠져나가버린다.

그래도 고호의 그림은 있다. 무엇에든 술어를 덮어씌워야 직성이 풀리는 우리는, 그것이 '있다'는 사건, 그것을 그것인 자체로서 경탄할 수 있는 능력을 잃어버렸다.

또 하나 장면이 있다. '수레' 한 채를 완전히 해체하는 유명한 일문일답이다. 메난도로스 왕이 묻고 나가세나 존자가 답한다. 존자는 '수레'의 술어를 차례차례 부숴나간다.

"멍에가 수레인가?"
"아니."
"축이, 바퀴가, 실내가, 차체가, 바큇살이, 채찍이 수레인가?"
"아니."
"이 모든 것을 합친 것이 수레인가?"
"아니."
"그럼 멍에, 축, 실내, 차체, 바큇살, 채찍과 별개로 수레가

보탬말 137

있는 것인가?"
"아니."

그렇다고 수레가 없다 할 수도 없다.[20] 없다고 하면 악공(惡空)에 떨어진다. 비유(非有, 空)지만, 또한 비무(非無, 不空)이다. 왕의 수레는, 고흐의 그림처럼, 술어 분별을 넘어서 존재한다. 여여히 —[21]

그러나 술어가 없으면 말길도 끊긴다. 말길 끊긴 그것을 선사들은 이런 식으로 언급했다. "산은 산이요, 물은 물이다."

"하지만 존재 — 존재란 무엇인가? 그것은 그것 자체다."

하이데거의 이 말을 아도르노는 문제삼았다.[22] 아도르노에 의하면, 그 자체를 통해서밖에 규정할 수 없는 개념은 한마디로 사기다(아도르노는 이런 표현을 드러내고 쓰지 않았지만). 왜냐하면 동어반복은 판단의 계약을 깨뜨리는 것이기 때문이다. 그 계약에 따르면, 주어 개념은 동일하지 않은 어떤 것을 주장해야 한다. 즉 개념이 되기 위해서 개념은 무엇

---

20) 일화의 출처는 『밀린다 왕문경』이다. 초기 경전에 속하는 이 경의 공사상은 아직 거칠다.
21) '여'는 '마치 ~와 같이'다. 인간은 마치(如) 이성적 동물과 같이 존재한다. 그런데 '여' 다음에 와야 할 술어가 보이지 않는다. '여여히'는 '술어 없이'다.
22) T. W. 아도르노, 홍승용 옮김, 『부정변증법』, 한길사, 1999, p. 134~36.

인가를 의미해야 하는데, 동어반복은 그럴 능력이 없다(또는 의미하기를 거부한다). 하이데거의 '존재'는 스스로 개념이 아니라고 주장하는 특권적 개념인 셈이다. 그것은 파악 불가능하고 따라서 공격 불가능한, 모든 비판이 면제되는 독단의 특권일 뿐이다. 그러나—

시선을 끄는 것은 하이데거가 말하는 방식이다. "하지만 존재—존재란 무엇인가?" 존재의 술어—무엇임—를 그는 묻고 있다. 그러나 다음 말에 의해 물음 자체가 취소된다. "그것은 그것 자체다." 즉 존재는 어떤 무엇일 수 없다. 가상의 질문자는 물을 수 없는 것을 물었던 셈이다. 아도르노의 말처럼, 존재는 개념 아닌 개념이리라. 그러나, 아도르노의 말과 달리, 동어반복도 다름—판단의 계약이 요구하는—을 포함한다. 다음 일화가 이해를 도움직하다.

조주가 물었다. "전에 왔었니?" "네." "차나 한잔 들거라." 다른 객승을 보고 다시 물었다. "전에 왔었니?" "아뇨." "차나 한잔 들거라." 원주가 여쭸다. "온 적이 있는 손님에게나 온 적이 없는 손님에게나 다 차나 한잔 들라 하시니 무슨 뜻인가요?" "원주야!" "네." "차나 한잔 들거라."

존재란 무엇인가? 하이데거는 존재의 술어 자체를 해체하기 위해 책략적으로 이 물음을 던졌다. 원주도 '무슨 뜻인가'를 묻고 있다. 이 물음 역시 『조주록』 기자의 책략적 삽입이다. 그것은 다음과 같은 질문을 유도한다. 반복되는 '차나 한잔'은 매번 같은 말일까? 아닐 것이다. 그럼 다른 말일까? 아닐 것이다. "존재는 존재다"라고 할 때, 주어 존재와 술어 존재는 같지도, 다르지도 않다.

앞의 화두로 돌아가보자. 우리가 산을 말할 때, 그 술어는 산에 대해보다는 우리 자신에 대해 더 잘 말해준다. 이것이 유식철학이 '식(識)뿐'이라고 하는 이유이다. 인식은 의식을 보여주고, 의식은 욕망을 드러낸다. 가령 광산업자에게 산은 노다지의 창고일 것이다. 그러나 선사는 말한다. 아니다, 산은 산이다.

'산이다'라는 긍정은 단순 긍정이 아니라 부정—아니다!—을 거쳐 나온 대긍정이다.[23] 하지만 산—산은 무엇인가? 이것은 산의 술어를 묻는 물음이다. 세속[24]은 술어 없이 이해하지 못한다. 그러나 실로 산은 그 자체다. 이 긍정은, 술어로 물들여진 산의 이해〔染相〕를 해체한다.[25] 동어반복은

---

23) 불교의 사유는 해체로 끝나지 않는다. 해체—무분별지—는 마침내 대긍정—후득지—으로 마무리된다. 색즉시공/공즉시색, 공/불공(不空), 비법(非法)/비비법(非非法)이 반드시 짝을 이루어 말해지는 이유이다.
24) 불교 용어 '세속'은 술어에 의해 이루어진 세계다. 2장 주 39) 참조.
25) 야훼도 떨기나무 불길 속에서 동어반복으로 말하고 있다. 마치 불교 선사처럼. 「출애굽기」 3: 14의 신(神)의 자기 고지는 여러 가지로 번

부정과 긍정, 존재와 무가 맞물려 운동하는 놀이 공간이다.

일상 담론은 술어로 말하고, 존재의 말은 동어반복으로 말한다. 시는 술어 없이 인식한다. 그러나 술어를 잃은 사물들은 무의 어둠 속으로 사라지는 듯이 보인다. 동어반복은 침묵에 가까워진다.

술어는 대상을 장악하려는 속성 탓에 간의성을 추구한다. 반면, 사물에 대한 동어반복적 충실은 정보를 주지 않는 점이 침묵과 비슷하다. 그러나 그것은 사물과 직접 만나는 충격 효과를 자아낸다. 말보다 더 위력적인 그것을 우리는 또한 말이라고밖에 달리 뭐라고 부를 수가 없다. 그것은 침묵하는 말, 말하는 침묵이다.

역된다. "나는 스스로 있는 자다" "나는 나다 하는 자다" "나는 있는 나다" 등등. 나는 이렇게 옮긴다. "나는 술어 없이 존재하는 자다." 신은 존재자, 어떤 무엇일 수 없다. 술어란 주어와 견주어지는 주어 아닌 무엇이다. 무비(無比)의 신적 존재는 술어 — 비교항 — 를 가질 수 없다. "신은 절대자다"라는 명제도 당착적이다. 술어를 가질 수 없는 존재가 술어 — 절대자 — 로 선포되고 있기 때문이다. 신학적으로는, 그 명제는 또 다른 명제, "신은 사랑이다"(「요한 1서」 4: 16)라는 술어와 모순된다. 절대는 불변이고, 사랑은 가변이다. 신에 대한 모든 술어가 같은 문제를 야기한다. 가령 "신은 한 분이다"라는 명제는 배타적 신앙의 원천이다. 그러나 신은 숫자 — 그것이 하나일지라도 — 에 갇힐 수 없다. 역설적으로, 가장 유일신 신앙다운 고백은 동어반복으로 말하는 것이리라. 신비 체험 가운데에서 신은 술어를 잃어버린다. 「출애굽기」 기자는 모세의 그런 신 체험을 야훼의 입에 넣어 기술했을 것이다. "나는 나다."

시적 진술의 다의성은 그러므로 의미의 혼합을 뜻하지 않는다. 그것은 가령 말라르메의 소네트에 나오는 하나의 낱말이 적어도 세 가지의 의미로 읽힌다는 따위의 문제가 아니다. 읽어낸 의미가 세 가지든 서른 가지든 침묵의 세계 안에서는 소음일 터이다.

시를 읽는 것은 의미의 난맥상 앞에서 두통을 앓는 것이 아니다. 시를 읽는다는 것은 차라리 시에 덧씌워지는 술어들을 하나씩 태워버리는 것이리라. 의미를 다 태우고 난 그 잿더미 위에 시는 보석처럼 빛날 것이다.

그런데 비트겐슈타인에 의하면, 그것에 대해 말할 수 없는 것은 신비스럽다. 이 신비스런 것에 대해 우리는 침묵으로 말하는 수밖에 없다. 모든 탁월한 이미지는 침묵과 전언이 묘한 공속―서로 속함―을 이루는, 수수께끼 같은 분위기를 풍긴다.

수수께끼라―아닌게아니라, 남김없이 설명할 수 있는 작품은 예술 작품이 아닐 것이다. 뒤샹은 변기의 술어―용변을 보는 기구―를 지워버림으로써 그것을 예술 작품으로 바꿔놓았다. 그는 그것을 화장실이라는 실용 공간에서 떼어내 전시장이라는 유한(有閑) 공간으로 옮겨놓음으로써 그것의 술어를 지워버렸다. 뒤샹의 변기는 아직도 변기일까? 대답은 예스와 노 둘 다일 것이다(장자와 나비는 둘인가, 하나인가?). 이 대답은, 매사 분명하고 빠른 대답을 듣고 싶어하는 정보 시대 사람들에게 쓸모가 없을 것이다.

그러나 시의 무용성은 사물을 짜고〔織〕 있는 유용성의 술어를 무로 돌림으로써 사물을 본연의 모습으로 솟아나게 한다. 그림 속의 사과는 진짜 사과가 아니다. 쓸모, 즉 먹을 수가 없기 때문이다. 그러나 '먹을 수 있는' 사과가 본연의 사과는 아니다. 그것은 인간 식욕에 물들여진 과일이다. 자기 보존을 도모하는 인간은 사물을 자기 욕망에 맞춰, 마치 그것이 사물에 내재하는 속성인 양 그려낸다. 소위 현실 감각이, 그림 속 —사물과 사물의 법칙을 거리낌없이 왜곡하는— 의 그것보다 덜 가상적인 것은 아니다. 쓰임새의 범주에서 풀려난 사물은 전혀 다른 사물처럼 보일 것이다. 그러나 식탁 위의 사과와 그림 속의 사과 중 어느 쪽이 더 가상적일까?

그것은 예술은 추상적인 것을 구체적인 것으로, 이념적인 것을 감각적인 것으로 표상한다고 주장하는 따위의 예술 철학과도 상관이 없다. "사과는 원숭이 엉덩이다"라는 표현이 예술적 진술인가 아닌가 하는 것은, 사과는 개념적이고 엉덩이는 감각적이라는 사실에 달린 것이 아니라, 사과와 엉덩이가 동어반복 관계인가 표상 관계인가에 달린 문제이다.

시인도 개념적 —비감각적— 으로 말할 수 있다. 가령 "하늘은 푸르다"라고 말할 수 있다.

"하늘은 푸르다"라는 진술은 하늘을 푸른 것으로 돋새기는 한편 하늘의 다른 가능성 —— 하늘은 늘 푸르지 않다 ——
들을 지워버린다. 그러나 시인이 읊조릴 때 '푸르다'라는 낱
말은 하늘의 한 술어, 한 속성이 아니다. 이때 하늘은 푸르름
자체이다. 시인의 읊조림에서, 하늘이 있다는 것과 푸르다는
것은 동어반복이다. 푸르름은 하늘의 모든 술어적 연관에서
풀려나, 전적인 푸르름으로, 하늘의 충실 그것으로 거기에
존재한다. 그리하여 시인과 독자는 '절대로' 푸른 하늘 아래
서 있게 된다. 시 가운데 들어오면 같은 낱말도 일상적 사용
속에서는 상상할 수 없는 정서적 강도를 띠게 되는 것은 그
래서 그런 것이다.

비유컨대, 그것은 단자(單子)다.[26] 시의 파란 하늘은 타자
단자들—— 노란, 붉은, 까만 하늘—— 과 다투지 않는다. 동어
반복 성질로 인해 시는 사물을 일반화하는 것이 불가능하다.

심지어, 시의 역내로 들어온 모든 진술이 동어반복으로 읽
힌다. 그래서 동어반복이 시를 만드는 것이 아니라, 시가 언
어를 동어반복으로 만드는 것처럼 보이기도 한다. 가령 '군
군 신신……'은 동어반복의 꼴을 갖추고 있으나 그것은 어김
없는 술어적 진술이다.[27]

---

26) 아도르노는 예술 작품을 라이프니츠의 단자에 비유한 바 있다.
27) "산은 산이다"라는 동어반복은 산에 대한 기존 술어—— 상투적 관
    념——를 해체한다. 그러나 가령 "돼지는 돼지다"에서는 기존 술어
    가, 문법 꼴은 같지만, 더욱 커진다. "돼지는 돼지다"는, 관용적으로

144

덧붙이자면, 푸르름 그 자체에 충실하는 시는 푸르름의 도구적 의미망——주체의 욕망에 근거하는, 가령 피크닉 가기에 좋은 날씨——과 인연을 끊는다. 그것은 이제 도구적 존재자로서 존재하지 않는다. 존재한다는 사실 자체 앞에서 우리는 술어를 잊는다. 그것이 '있다!'는 사실이 우리를 황홀케 한다. 푸르다는 사실 그 자체만으로 하늘이 경탄과 비애를 자아낼 때 우리는 시적 사실을 체험하는 것이다.

유용성의 의미망으로부터 풀려난 사물의 다른 이름은 즉자이다. 즉자란, 의미 관계항이 '무'밖에 없는 그런 존재 사태이다. 그러므로 즉자는 술어를 가지지 않는다. 술어가 그 내용을 가져오는 의미망을 즉자는 가지지 않기 때문이다. 즉자의 유일한 술어는 동어반복이다. 있는 그것은 있다!

시는 즉자적으로 말한다. 아도르노의 표현을 빌리면, 시는 "판단——이것이다 또는 저것이다, 라고 하는——을 말하지 않는다." 그것은 판단 주체의 사라짐도 의미할 것이다. 사물이 술어로부터 풀려나 그것 자신이 되는 것——하이데거 투로는, 무로 되돌아가 보호되는 것——은 술어 수여자의 죽음

"돼지는 더러운 동물일 뿐이다"라는 의미다. "돼지는 돼지다"는 진정한 동어반복이 아니다. 유교 정명론(正名論)도 마찬가지로, '君君臣臣……'이라고 할 때, 정명이 노리는 것은 주어 '군'의 기의 공간을 '군다움'이라는 특정 술어로 꽉 채우는 것이다. 반면, 공 사상은 기의 창고를 재고 정리 해버린다. '군'의 '군다움'은 공으로 돌아가고 군/신하, 군/백성의 차별은 사라진다.

도 의미할 것이다. 즉자적으로 말하는 시는 죽음의 충동, 무에의 의지를 엿본다.

아이헨도르프로 하여금 "그리고 나는 나를 보호하고 싶지 않다"고 쓰도록 했던 것은 그 죽음의 충동이 아니었겠는지. 그리고 그것이 사물을 판단하려는 충동의 포기——아도르노에 따르면, 이것이 시의 본질적인 태도이다——를 의미한다면, 결국 시란 술어 없는 말, '무'의미한 말일 것이다.

시의 창작과 수용은 자신이 사물 가운데 소멸함으로써 이루어진다고 했을 때, 아도르노는 썩 도가풍이다. 장자도 사물 중의 너의 자리를 잊거라[倫與物忘]하지 않았던가. 덧붙이자면, 성공적인 섹스의 비결도 그럴 것이다.

그것은 황홀한 소멸이다. 신비주의에서는, 섹스 때도, 주체가 소멸하는 현상이 일어난다. 격렬한 섹스가 궁극적으로 원하는 것은 무의 바다에 빠져 익사하는 것이다. 신비주의자처럼 섹스하는 자도 거기에 귀의할 뿐, 파트너를 객체로 인식하지 않는다(그런다면 완전한 섹스가 이루어지지 않을 것이다). 그들은 술어를 잃어버린다. 오르가슴은 무상무념이다. 그래서 탄트라는 그것을 수행의 한 방법으로 삼았다. 수행자는 분별사식이 멈추고 무의 심연으로 빠져든다. 오르가슴에 이르는 구멍은 또한 성스런 법열로 가는 입구이다.

쾌락, 죽음의 충동, 시는 한통속이다. 시는 자기 보존의 목적을 추구하지 않는다. 반복——고스란히 되돌아옴——에서 주체의 몫은 부재하거나 최소한으로 희박해진다(그만큼 존재의 위신은 높아진다). 반면, 술어 세계에서는 주체가 세계를 만든다. 술어 세계는 궁극적으로 유아론적이다(나는 존재한다, 고로 세계가 존재한다).

죽음은 이 유아론에 대한 치명적인 비판이다. 죽음은 아유화(我有化)할 수 없다. 죽음에 점령당한 시간을 나는 소유할 수 없다. 즉 죽은 자에게는 미래 시제가 없다. 즉 죽음과 나는 현재 시제를 공유할 수가 없다. 즉 죽은 자는 과거 시제도 가질 수 없다(과거를 과거로 만드는 것도 미래——산 자의 시간성——인 까닭이다. 과거란 "이루어진, 혹은 이루어질 수 없게 된, 지나가버린" 욕망의 성격으로 존재한다. 그런데 무릇 욕망은 미래 욕망이다). 그런 이유로 죽음은, 황홀과 마찬가지로, 동어반복의 성격을 띤다.

왜냐하면 황홀도 죽음도 무를 가리키는데, 무는 술어화할 수가 없다. 무는 도대체 있는 무엇이 아닌 까닭이다. 무에 대해 우리는 빈약한 동어반복으로밖에 언급할 수 없다. 없음, 있지 않음 등등. 하지만 무——무란 무엇인가? 무는 무다. 그 밖의 술어는 무를 어설픈 존재자로 만드는 꼴이 될 것이다.

프로이트는 '반복'에서 죽음의 충동을 착안했다. 반복 강박은, 겪은 충격을 술어화하지 못하는 주체의 무능을 나타낸다. 술어로 옮길 수 없는 경험은 통째로 되돌아온다(술어란, 나누는 것 아니던가). 전체는 반복한다(동일한 것이 회귀하고, 회귀하는 것은 동일한 것이다).

환자에게 증상인 그것이 그러나 시인에게는 본질적 경험이다. 누군가가 슈만에게 그의 음악의 의미를 물었을 때, 그는 그의 곡을 다시 연주했다는 일화가 있다.

다시 하이데거에 의하면, 신전——돌로 이루어진 예술 작품——은, 돌을 질료로 이용하는 돌 용품과 달리, 돌이 돌 자체——동어반복적——로 가장 잘 솟아나게 한다. 돌의 술어적·실용적 사용에서 잃어버리는 것은 돌의 고유한 육중함과 고유한 무게, 즉 돌의 자기 충실이다(또한 예술 작품은 금속을 그 번쩍임과 반짝임에서, 나무를 그 딱딱함과 유연성에서, 소리를 그 울림에서, 색조를 그 빛남과 어둠에서, 언어를 그 낱말에서 가장 잘 솟아나게 한다). 그러므로 시에서 일어나는 사태는 이것이다. 동일한 것의 영원한 회귀.

시는 시가 됨으로써——시 외의 다른 것이 아닌 것이 됨으로써——한 송이 장미를 장미로——장미 외의 다른 것이 아닌 것으로——피어나게 한다.

혹자는 물을 수 있다. 시는 쾌를 준다. 죽음도 그런가? 만일 죽음이 절대로 불쾌하다면, 죽음의 충동은 당착적 개념일 것이다. 불쾌는 좋아할 수 없다. 싫은 일은 강제로 시킬 수 있을 뿐이다. 그러므로 죽음의 충동이 있다면, 죽음과 쾌락은 친화성이 있어야 한다. 죽음의 쾌락——그것은 말할 수 없음, 어찌할 수 없음, 그 무 앞에서 느끼는 두려움과 설렘, 초야의 그것을 방불케 하는 무엇이리라.

반면, 생은 반(反) 쾌락적이다. 프로이트는 생의 충동을 '에로스'라고 명명했다. 그 이름은, 그것의 성적 뉘앙스 때문에 에로스의 비쾌락적 요소와 죽음 충동의 쾌락적 요소를 흐려놓았다. 초기 프로이트에 의하면,[28] 심적 에너지의 양은 불쾌에서 높아지고, 쾌에서 낮아진다. 그런데 에너지를 요하는 쪽은 생이다. 생식에 수반되는 쾌락은 종의 보전을 위한 자연의 커닝에 불과하다.

쾌락을 위한 쾌락이 에로스의 소관이 아닌 것은 분명하다. 에로스는 생명체를 더 큰 단위로 조직하고, 죽음의 충동은 거꾸로 그것을 비유기적인 상태로 되돌린다. 그런데 에로티시즘은 생명 낭비적이다(생식 목적을 초월하는 점에서. 프로이트도 지적한 바이다). 쾌락을 위한 쾌락은 역시 타나토스의 소관일 것이다.

그러므로 죽음의 충동을, 쾌락 원칙을 '넘어서' 단지 고통스런 기억을 반복하는 것으로 볼 수 없다. 실상 고통은 무에 이르는 데 방해가 될 뿐이다. 무로 가는 길손의 동행자는 오히려 쾌락이다. 고통은 무에 저항한다. 반면, 쾌락에 몰입할수록 개체는 점점 무로 녹아든다(경험적 사실 아닌가). 프로

---

28) 생 충동과 죽음 충동의 후기 이원론은 초기 논문 「과학적 심리학을 위한 프로젝트」의 아이디어로 되돌아가고 있다.

이트의 아이도 사라짐의 반복을 '즐기고' 있다.[29] 설령 그것의 내용은 고역일지라도, 반복 자체는 쾌를 자아낸다(노동요의 반복 후렴은 노동의 고달픔을 달래준다).

그래도 죽음의 충동을 즐기는 것은 병적이 아닌가. 죽음의 충동의 공격성을 주목하면 더욱 그렇지 않은가.

그러나 정작 타자에 대한 공격은 생 충동의 숙명처럼 보인다. 생을 조직하기 위해 타자를 죽이고 섭취해야 하는 것이 생명체의 원죄이다. 생의 메커니즘은 다른 생을 삼켜 소화함으로써만 작동한다. 이것이 여자를 '먹는다'는 말이 천박해지는 이유이다. 이 말투가 역겨움을 자아내는 것은 그것이 전혀 에로틱하지 않기 때문이다. 쾌락 기관이 소화 기관으로 바뀐 인체도는 역겨움을 자아낸다.

생의 충동이 생을 조직하기 위해 쾌락을 억누를 때, 공격 당하는 것은 죽음의 충동이다. 생의 충동은 죽음의 충동으로부터 흡수한 에너지——쾌락——를 동력으로 삼아 생식을 도모한다(섹스는 까무러칠 뿐인데, 원치 않은 아이를 생산한다). 그 점에서 생의 충동은 죽음의 충동에 대해 기생적이다.

죽음 충동의 쾌락주의는 특이하게 인간적인 것처럼 보인다. 인간 외 동물의 섹스는 성적 본능과 비성적 본능, 쾌락 본능과 보존 본능이 겹치는 것처럼 보인다. 그러나 인간의

---

29) 1장의 「13. 실패 놀이」 참조.

섹스는 생식의 목적을 초과한다. 인간의 생식 기관은 그것이 갈망하는 것이 자기 보전인지 쾌락인지 확연치가 않다. 보존 기관들은 쾌락 기관이기도 한데, 인간의 쾌락은 언제나 잉여적이고 낭비적이다. 생의 충동은 죽음의 충동과 위험한 교제를 끊지 못한다. 산다는 것은 일면 죽음을 '노는' 것이다.

쾌락을 추구하는 동안 기관들이 그 기능성을 잊는 것도 특히 인간적이다. 다시 말해 도구 연관을 벗어나 무용·무익한 쾌락을 탐닉한다. 생식을 술어로 갖는 동물의 섹스와 달리, 인간의 섹스는 동어반복——쾌락을 위한 쾌락——으로 진술한다.

프로이트가 문명의 비용을 계산할 때 이 점은 더욱 분명해진다. 문명——혹은 국가——이란 쾌락의 희생에 치러지는 비용이다. 문명을 누리려면 쾌락의 포기를 지불해야 한다. 쾌락의 포기는 불합리해 보이지만, 생의 입장에서는 합리적 거래이다. 인간은 쾌락을 포기하는 대가로 삶의 안전과 지속을 얻는다. 쾌락은 생의 적대자다! 쾌락은 죽음의 충동에 귀속한다.

생을 위해 섹스는 꼭 필요한 것이 아니다. 그럼에도 불구하고 전통적으로 성욕은 식욕과 더불어 두 가지 본능 중 하나로 분류된다. 개체의 생존을 위한 식욕과 종의 지속을 위한 성욕은 둘 다 보존 욕구에 속한다. 그러나 먹는 것과 하는 것 모두 종종 보존 욕구를 초과한다. 먹기 위해 먹고, 하기 위해 하는 것 — 이 동어반복은, 살기 위해 먹거나 하는 것이 줄 수 없는 기쁨을 준다. 우리는 이 기쁨을 인식하지 않는다. 향유한다. 인간은 과소비하는 동물임에 틀림없다.

동어반복은 비생산적이다. 술어는 정보를 준다(술어는 인간에 대해 '이성적 동물'이라는 새로운 지식을 추가한다). 반면, 동어반복 — 인간은 인간이다 — 은 주어에 대해 아무 보탬이 안 된다. 동어반복은 낭비다.

그래서 국가와 시는 적대적일 수밖에 없다. 국가는 생의 충동에 속하고, 시는 죽음의 충동에 속하기 때문이다. 생의 충동은 자체 안에 이미 국가를 잉태하고 있다. 생의 충동이 당연한 만큼 국가도 당연하다. 생존을 지키는 것이 국가가 존재하는 구실인 까닭이다. 국가는 산 자들의 국가다. 그래서 종종 죽음은 반(反) 국가적 데먼스트레이션이 된다. 시·쾌락·죽음은 반국가적이다.

아버지의 양가성을 통해 프로이트는 그 점을 꿰뚫어보았다. 프로이트에 의하면, 아버지는 보호자이자 금지자이다(아버지의 이 양가성이 외디푸스 콤플렉스 드라마를 이끈다). 아들은 살기 위해 아버지의 보호가 필요하다. 그러나 생의 충동은 보호와 금지를 따로 불러낼 수 없다. 한 장의 초청장이 두 사람의 수신인에게 동시에 접수된다. 보호자 아버지와 압제자 아버지에게 —

아버지는 아들을 지키고, 국가는 인민을 지킨다. 국가는 괴물적으로 거대해진 아버지이다. 아버지는 누구로부터 누구를 지키는가? 외부로부터 아들을? 아들로부터 외부를?

거기에 대한 대답이 외디푸스 콤플렉스 이론이다. 외디푸스 콤플렉스는 불공정 거래이다. 아들은 금지를 받아들인 대가로 생존을 산다. 모든 장사꾼처럼, 아버지는 이것이 등가교환이라고 주장한다. 금지와 안전은 값이 같다.[30] 그러나, 또한 모든 장사꾼처럼, 아버지는 밑지고 파는 법이 없다.

초자아와 이드의 거래도 사정이 같다. 이드는 자아의 아명(兒名)이다. 프로이트에 의하면, 아이는 이드의 덩어리로 태어난다. 프로이트는 이드를 말(馬)에, 자아를 기수에 비유했다. 이드는 야생마처럼 날뛰고, 자아는 이 짐승을 길들여 정해진 목표 지점으로 몰고 간다. 그러나 목표 지점을 정하는 것은 기수가 아니다. 초자아가 정한다. 자아란, 아버지에 의해 길들여진, 혹은 아버지의 눈치를 보는 이드 자신이다.

결국 같은 말이지만, 자아는 이드의 생존 전략의 한 국면이다. 그러나 그의 전략은 빗나간다. 초자아는 이드의 에너지를 빨아먹고 사는 흡혈 박쥐와 같은 존재이기 때문이다. 이드는 안전할수록 점점 더 빈혈이 되고, 아버지의 거래는 늘 흑자를 기록한다.[31] 그리고 이것이 정치의 예술화가 홀로

---

30) 바꿔 쓰면, "금지는 안전이다." 이에 대해 "금지는 금지다"라는 동어반복의 진실성과 박진감을 음미하도록 하자.

코스트를 부르는 '생물학적' 이유이다. 정염에 휩싸인 국가는 불을 지필 에너지를 인민의 이드로부터밖에 달리 얻을 곳이 없다.

물론 시인도 고통을 노래부를 수 있다. 끔찍하고 잔인한 것도 아름다운 시적 대상이 될 수 있다. 그러나 이럴 때도, 시가 탐닉하는 것은 파괴 자체가 아니라 그것의 무성(無性)이다. 도시를 무참히 파괴하는 태풍이 찬탄을 자아내는 이유는 그것의 '이유 없음'이다. 태풍의 이유 없는 위력은 전율을 자아낸다. 그것은 쾌감이 신경계를 관통할 때 느끼는 전율과 다르지 않다. 그리고 이것이 비슷한 위력으로 도시를 강타하는 공습의 화염을 좀처럼 찬탄하기 어려운 이유이다. 이 불의 태풍은 목적과 이유가 있다.[32]

영(靈)도 '이유 없이' 죽인다.[33] 천재지변은 구차한 이유를 대지 않는다(노자도 천지의 잔인함[不仁]에 대해 말했다).

---

31) 아버지의 흑자 거래는 마르쿠제의 용어로 '과잉 억압'이다. '실행 원칙'——문명에 수반되는 기본 억압——은 공정 거래를 일컫는 것일까?
32) 이득을 노린 살인은 진정한 악이 아니라고 바타유가 썼을 때, 그는 시의 동어반복성을 알았을 것이다. 악——그에 의하면, 문학의 진정한 주제——은 위반을 위한 위반이라는 동어반복적 저주 속으로 휘말려드는 것이다. 바타유는 의미심장하게 그것을 죽음의 유혹에 결부시키고 있다. 동어반복은 미래가 없다. 그 점에서 죽은 자의 언어다. 오직 술어의 노동——주어를 가공하는——만이 미래를 갖는다.
33) 1장의 「15. 바람의 영」 참조.

그리고 기독교 역사가 보여주듯, 정작 살인하지 말라는 계명은 살인을 막아주지 못한다. 신의 이유 없는 살인은 이유를 둘러대는 살인, 이유로써 그것을 정당화하는 인간의 간악함을 비판한다. 신—자연—의 이유 없는 살인은 외친다. "이유 있는 살인 따위는 없다!"

자연은 다른 이유들도 말하지 않는다. 자연은 늘 침묵으로 말한다. '아름답다'라는 술어조차도 자연미를 손상시킨다고 아도르노는 썼다. 자연은 인간의 술어에 의해 더럽혀지는 것을 거부하고, "나는 나다"라고 말하는 듯하다. 시는 자연의 그런 언어를 모방한다. 신비주의와 황홀한 섹스도 술어를 잃어버린다. 이들은 시의 혈족이다. 그들의 언어는 동어반복의 회랑을 돌아 침묵의 심연으로 빠져든다.

문학의 본질을 '악'이라고 한 바타유는 정곡을 찔렀다. 그러나 그가 말하는 '악'은 유년의 '자연,' 이드의 다른 이름일 뿐이다(프로이트에 의하면, 아이는 쾌락주의자로 태어난다). 야생마 캐서린과 히스클리프의 천진난만한 정염은 사회—아버지, 국가—와 충돌을 피할 스 없다. 유년의 쾌락주의가 범하는 위반, 그것이 바타유가 말하는 악이다.

프로이트라면 그것을 '악'이라고 부르지 않을 것이다. 이드—유년의 쾌락주의가 가장 왕성하게 움직이는 공간—는 가치도, 선악도 알지 못한다(바로 그 점이 악의 특질이라고 한다면 이드는 악일 것이다. 그러나 프로이트에 의하면, 그것은 선악을 조명하는 빛조차 닿지 않는, "어둡고 도달할 수 없는 인간 정신의 심부이다"). 프로이트가 이드에게 붙인 이름은, '악'이 아니라, '카오스'다. 카오스는 야누스의 얼굴을 하고 있다. 체계도, 단일 의지도, 논리적 모순 법칙도, 시간 개념도 없이 쾌락 원리를 좇는 충동들만이 들끓는 '주전자'——프로이트 자신의 비유다——의 얼굴과, 또 하나, 니르바나의 얼굴. 에로티시즘과 신비주의는 동전의 안팎만큼이나 가깝다.

그러나 분석학과 시학은 혼동될 수 없다.

자유 연상도 시적 담론처럼 술어의 해체 효과를 노린다.[34] 시, 꿈, 자유 연상에는 공통점이 있다. 술어가 떠돈다는 점이다. 시, 꿈, 자유 연상의 술어는 유동한다.

그러다가 문득 환자의 말문이 닫힌다. 연상이 끊기는 거기에 차마 발설할 수 없는 무엇, 치명적인 술어가 숨어 있다. 분석가에 의하면, 그곳이 치료의 기점이다. 연상이 정박하는 지점이 발견되면, 증상의 술어가 확정되고, 환자는 정상을 되찾는다(시적 담론이 일반 담론으로 편입되고, 이제 환자는 '정상인'과 소통할 수 있게 된다). 분석은 결국 술어 찾기이다.

---

34) 종전의 최면 요법에서 환자는, 의사의 암시에 따라, 증상과 관련된 정보만을 진술했다. 여기서 증상과 진술의 관계는 주어와 술어의 그것이다. 자유 연상에서는 환자가 떠오르는 생각을 두서없이 털어놓는다. 증상과 정보, 주어와 술어가 따로 노는 것이다.

흥미롭게도, 분석가가 증상에 부여하는 술어는 도착을 연상시키는 바 있다. 도착적 성애의 술어는 특정 신체 부위나 특정 성행위를 강박적으로 집착한다. 도착은 고착이다.[35] 한편 정상적인 성감대는 머리칼·입술·살갗·성기 등 전신에 흩뿌려진다. 그래서 성애도, 시적 담론처럼, 쳐다보기, 만지기, 냄새 맡기, 성기 삽입 등으로 유동한다.

 치료는, 정박지에 묶인 연상의 닻을 끌어올려 다시 항해를 계속하도록 돕는 것이 되어야 하지 않을까?

 그래서 시는, 꿈 해석보다 꿈 자체를 닮는다. 그리고 죽음 과도—— 죽음은 깊은 잠, 잠은 짧은 죽음이 아닌가(잔다, 그러면 꿈도 꾸겠지!).

 죽음 충동의 텍스트 읽기는 생 충동의 그것과 사뭇 다를 것이다. 우선, 사물들은 쓰임새를 벗어난 모습으로 나타난다. 살겠다고 아옹다옹하는 일상인의 눈에 그 풍경은 얼마나 낯설까(죽음 앞에서 쓰임새가 무엇이겠는가. 그리고 쓰임새가 지워진 사물——그것 자체인 사물——은, 갓난아이의 눈에 비

---

35) 프로이트 자신의 술어는 훨씬 유연했다. 도라의 히스테리성 기침은 단일 기의로 환원되지 않는다. 도라의 기침은, 말라르메의 낱말처럼, 세 가지 술어——아버지 정부의 남편인 K에 대한 도라의 애정, 아버지와 K부인의 구강 성교에 도라도 가담하는 방식, 아버지의 성병에 대한 비난——로 해석되고 있다. 이 해석들은 하나의 술어로 환원되지 않는다.

친 세계처럼, 혹은 얼마나 신선하고 혹은 얼마나 기괴할 것인가). 그들의 눈에 그것은 모든 것이 뒤집히는, 만화경처럼 보일 것이다.

죽음·무·쾌락·시…… 이 모두를 아우르는 탁월한 기표 하나를 언급하고 어지러운 글을 맺기로 한다.

구멍은 죽음을 방사하는 물질이다. 그것은 죽음의 충동을 발동시킨다. 그래서 구멍 앞에 선 현존재는 유혹과 두려움을 동시에 느낀다. 루돌프 오토가 누미노제 감정이라고 칭한 양가적 감정이 뿌리박고 있는 곳도 이 지경 어디쯤일 것이다. 죽음과 상관이 없다면 그래도 신성한 것이 매혹과 두려움을 자아낼까?

구멍의 신비와 관련해보건대, 신성——신의 본성, 혹은 신의 성별(性別)——은 여성일 것이다. 신의 역사를 거슬러 올라가보면, 과연 여신의 출현이 남신에 앞서고 있다. 그리고 그녀들은 매혹적인 동시에 잔인한 양가적 존재들이었다.

죽음을 방사하는 구멍은 또한 낳는 구멍이다. 꽉 짜인 조직/체제로부터는 새로운 것이 나올 수 없다. 탄생의 사건은 존재의 빈틈에서 빚어진다. 그 빈틈은 인식의 대상이 될 수 없다. 존재하는 것만이 인식 가능하기 때문이다. 그래서 우리는 무를 존재의 결여로밖에 파악/언급할 수 없다. 그러나 이 사실은 우리의 인식/진술의 무능력을 말해주는 것일 뿐이다.

무를 존재의 결여로밖에 이해하지 못하는 것은, 무를 공간적 도형 ─ 가령 반지의 구멍 ─ 으로 상상하기 때문이다. 무의 생산성을 이해하기 위해 우리는 살아 있는 구멍으로 눈을 돌려야 한다. 존재를 뽐내던 페니스가 그만 녹아버리는 구멍, 주체의 죽음이 비할 데 없는 기쁨이 되는 구멍, 눈부신 생명이 탄생하여 누리를 축복으로 채우는 거기.

애무가 그것을 방긋이 연다. 구멍을 여는 열쇠는 애무다. 그런데 애무는 주체 주도적인 행동이 아니다. 구멍은 강제로 열리지 않는다(강간은 상처만 남긴다). 열린 구멍은 선물이요, 은총이다. 기도하는 자도 애무하는 자이다. 기도하는 자는 강요하지 않는다. 그는 신을 애무하며 그의 응답을 기다릴 뿐이다. 시를 쓰는 자, 애무하는 자, 기도하는 자는 기다리는 사람들이다.

우리 시대는 그 수동성 ─ 동일한 것이 고스란히 되돌아옴을 기다리는 ─ 을 기쁨으로 음미하는 능력을 잃어버렸다. 거론되는 '위기'의 본질이 이 언저리에 거주할 것이다.

부록

똥 이야기[1]

　

　김현은 생의 막바지에 폭력에 관한 두 권의 책을 남겼다. 텍스트는 르네 지라르와 미셸 푸코였다. 김현이 쓴 두 권의 책, 『폭력의 구조』(1987)와 『시칠리아의 암소』(1990)의 연속성에 대해 판단할 능력이 내게는 없다. 전자는 초석적 폭력에 대해, 후자는 흩뿌려진 폭력에 대해 말하고 있다.

　어쨌든 김현이 생의 마지막 시간을 폭력 연구에 바쳤다는 사실에 주목하자. 그 무렵 그는 폭력과 관련하여 모종의 시대적 징후를 읽고 있었던 것이 분명하다. 사후에 책으로 엮어진 그의 독서 일기 『행복한 책읽기』는 그것이 파시즘과 관

---

[1] 나의 두번째 평론집 『천사의 풍문』(1999)은 서점 구경을 못했다. 300부 정도를 찍어 가까운 이들에게 돌리고 절판시켜버렸기 때문이다. 그렇게 '내버린' 책에서 다음의 글을 꺼내 다시 싣는 이유는 이 글이 『국가와 황홀』을 쓰기 직전 나의 도달점을 보여주고 있기 때문이다. 저번의 글에서 나는 '똥'을 음미했다. 이번엔 '무'를 논했다. '똥'과 '무'는 서로 얼마나 멀고, 얼마나 가까울까? 이 점을 염두에 두고 다음의 글을 읽어주기 바란다. 원제목은 '말없는 폭력, 말하는 문학.'

련된 것임을 곳곳에 암시해놓고 있다. 우리말 번역 『역사와 계급의식』의 독후감을 적은 1989년 3월 22일자 일기의 한 대목이다.

"이 책을 프랑스에서 읽었을 때는 비선동적으로 느껴졌는데, 여기서 읽을 때는 선동적으로 느껴지는 이유를 곰곰이 생각하다가, 나는 책읽기가 단순한 활자 읽기가 아니라 그 책이 던져져 있는 상황 읽기라는 생각에 도달하게 되었다." 이어지는 구절은 당시 그의 상황 인식을 보여준다. "프랑스에서는 루카치의 주장들이 이미 극복된 정황 속에 놓여 있었고 [……] 한국에서는 그것이 이제 심각하게 검토되는 정황에 놓여 있다."

김현은 루카치의 볼셰비즘에 동의하지 않았다. 그러나 정황이 그것을 심각하게 검토하도록 만들고 있었다. 그 한국적 정황은 파시즘이었다. 파시즘은 무엇인가?

"파시즘이란 가만있게 내버려두지 않는 강요이다. 무엇을 말해야 한다는 것에서 더 나아가 무엇에 대해 가만있지 않으면 안 된다고 말하는 것이 파시즘의 본질이다."(1988. 10. 2 일기)

루카치의 담론들도 파시즘적일 수 있다. 선동도 강요이기 때문이다. 이것이 루카치가 아니라 지라르나 푸코라야 했던 이유일 것이다.

이론은 체험보다 번쇄하다. 김현의 파시즘 정의는 그가 생을 다하도록 4·19 원체험에 충실했음을 보여준다. 가령 그람시에게 파시즘은 계급의 문제이다. 그에게는 계급의 자유와 부자유가 있을 뿐, 자유 자체는 관념에 불과하다. 한편 4·19 세대에게 파시즘은 전적으로 자유의 문제이다(그 파시스트 당명이 '자유당'이었다는 것은 역설적이다).

전체는 자기의 밖에 다른 기준을 갖지 않는다. 자유가 전부라면 억압의 질적 차이를 물을 수 없다. 김윤식이 이에 대해 말한 바 있다. "계층적 평등 개념뿐 아니라 역사적 평등 개념의 분출 앞에 자유와 억압의 변증법[4·19 세대의 것]이 거의 무용했는데, 그 변증법 속에 수렴되지 않는 것들인 까닭이다."[2]

그러나 김현의 자유는 관념이 아니었다. 지라르와 푸코 연구를 예고하고 있는 논문 「인간이라는 기호의 모습」(1982)에서 그가 다룬 문제는 고문이었다! 고문당하는 자에게 자유의 문제는 이론을 절하는 구체적 고통과 함께 대두된다.

피고문자는 견딜 수 없는 고통을 견뎌야 하는 역설의 화신이다. 김현이 주목한 것은 인간이 기호가 되어버리는 현상이다.

사물화가 아니라 기호다. 초현실주의 그림 속 폐잡동사니가 아직 인간의 흔적을 간직하듯이, 사물화란 아직 휴머니즘의 향수를 머금고 있는 용어이다. 사람의 몸을 사물로 다

---

2) 「권두 에세이」, 『문예중앙』, 1992년 겨울.

시 태어나게 만드는 고문자의 기쁨과 피고문자의 몸부림은 아직 인간적이다. 기호화는 다르다. 김현은 적고 있다.

"고문 받던 이명준은 이제 고문하는 사람이 되어 있다. 고문하는 사람과 고문 받는 사람이 바뀔 수 있다는 사실이 뜻하는 것은, 인간은 실체로서가 아니라 기호로서 존재한다는 것이리라. 사람은 자리에 따라 고문 받는 사람도, 고문하는 사람도 될 수 있다. 중요한 것은 자리이지 사람이 아니다. 사람은 단지 기능일 뿐이다."

분석을 통해 확인되는 사실은, 현대의 고문은 고대와 중세의 고문이 종교적 이단자나 정치적 반역자를 정화하는 신성한 의례였던 것과 달리 지식 쟁탈의 양상을 띤다는 것이다. 결론은 자명하다. "인간을 단지 정보의 덩어리로 보는 사고에서 벗어나야 한다."

그러나 고문자/피고문자의 역학은 김현이 생각했던 것보다 더 착종적일 수 있다.

자리에 따라 고문 받는 사람도, 고문하는 사람도 된다는 주장은, 고문자가 되거나, 피고문자가 되거나, 두 가지 역할을 번갈아 하거나, '한 번에 한 가지 기능'을 가정하고 있다. 그러나 고문자가 동시에 고문당하는 자가 될 수 있다. 여기 '지식 쟁탈을 위한' 고문 장면이 있다.

"너 이런 촌구석 형사라고 우습게 보는 거야? 안 되겠어.

손 좀 봐줘야 정신을 차리지. 야, 일어나!"

이창동의 소설 「하늘등」(『녹천에는 똥이 많다』, 문학과지성사, 1992)에 나오는 고문 장면이다. 고문자는 피의자를 완전히 압도하고 있다. 그러나 소설 속의 고문은, 현실 속의 고문과 달리, 밀실 속의 장면이 아니다. 그 장면을 들여다보는 제삼의 눈이 있다. 독자의 눈이다.

인용된 형사의 말은 고문 현장에서 밀반출되어 독자의 눈 앞에 놓여 있다. 글은, 그것을 입김에 섞어 말로 뱉는 현장에서는 말하는 자나 듣는 자가 미처 깨달을 수 없는 사실들을 드러내준다. 가령 고문자가 심한 열등감에 사로잡혀 있으며, 폭력을 통해 자신의 무능을 초월하려고 안간힘 쓰고 있다는 따위의 사실들을 보여준다.

고문은, 가하는 자와 당하는 자 모두를 기호로 만든다. 그러나 기호화가 일어나는 것은 고문의 닫힌 관계 내에서만이다. 글로 씌어지면, '기호'는 그 안에 아직 살아 꿈틀거리는 인간의 모습을 들키게 된다. 김현 말마따나 인간을 정보의 덩어리로 보는 사고에서 벗어나야 하리라. 씌어졌다는 사실만으로 소설은 그 일을 해낸다. 소설은 기호화하는 인간의 모습을 그림으로써 그를 기호로부터 구출한다.

이 본질적인 반폭력성 때문에 소설은 궁극적으로 고문자의 관점에 설 수 없는 것처럼 보인다.

작가가 정보원이 되어 수수께끼를 풀어나가는 추리소설은 폭력을 제대로 다루지 못한다. 추리소설에서 폭력은 흥밋거리에 불과하다. 그리고 흥밋거리가 된 폭력은 폭력의 적나라한 모습을 잃어버린다.

고문자의 관점에서 회의하는 고문자를 그릴 수는 있다. 그러나 회의하는 고문자는 정보를 알려는 자의 입장을 초월해버린다. 그는 정보원이 아니라 진리 탐구자일 것이다. 『광장』의 폭력이 형이상학으로 승화해버리는 것도 그 때문이다.

고문자도, 피고문자도 소설을 쓸 수 없다. 폭력은 내면화가 불가능하기 때문이다. 고문자의 입장에 충실한 폭력은 악과 같은 형이상학적 실체로 변하거나 자기 기만에 떨어진다. 피고문자의 입장에서 폭력은 처리할 수 없는 무엇이다. 고문자와 피고문자는 기호론을 쓸 수 없다. 스스로 기호가 될 뿐.

그것을 관찰하고 기술하는 것은 소설가의 몫이다. 소설가의 관점은 고문자나 피고문자와 같을 수 없다. 이창동의「진짜 사나이」의 화자가 내뱉는 다음과 같은 고백이 작가 자신의 목소리에 가장 가깝게 들리는 것은 그것이 소설 쓰기의 본질을 건드리고 있기 때문이다.

"하지만 이런 식으로밖에 쓰지 못하는 것이 그 말마따나 대가리에 먹물 든 소설가 나부랭이의 한계이자 또 그만큼의 진실인 것을 어쩌겠는가."

 소설가의 진실은 폭력이라는, 실제로는 처리할 수 없는 그 것을 글로 쓴다는 기본적인 사실에 기인한다. 소설의 진실은 소설의 이 한계 안에 머문다. 그 처리할 수 없는 사태를 소설 은 드러낸다(처리하는 것이 아니라 드러내는 것이다). 소설은 다음과 같이 말하는 장르인 것처럼 보인다. "그들은 자기가 하는 일을 모른다"(「누가복음」 23: 34).

 고문은 지식 쟁탈의 양상을 띤다는 주장도 보충 설명을 요 한다. 알려는 자와 알고 있는 자가 마주한다. 물리학자도 알 려는 자다. 천문학자는 우주가 입을 열도록 천공을 향해 말 을 건다. 그러나 고문 현장에서 정작 알고 있는 자는 고문자 자신이다. 이것이 고문자와 물리학자가 다른 점이다. 「하늘 등」의 주인공은 열심히 무죄를 주장한다. 그러나 형사는 듣 지 않는다. 그는 이미 알고 있는 자이기 때문이다.

 "죄지은 것이 없다고? 야, 오리발 내밀어도 소용없어. 다 알고 있으니까." (강조: 필자)

 이것은 말이 아니다. 침묵이다. 고문자는 말이 필요 없다. 이미 다 알고 있기 때문이다. 그리고 이미 알고 있는 자 앞에 서 자백은 말하지 않는 거나 다름없다. 고문은 침묵하는 자 와 침묵하는 자의 충돌이다.

침묵을 벗어나는 즉시 고문자는 당착으로 빠져든다. "다 알고 묻는 거야. 솔직히 말해봐." 그러나 고문자 자신은 그것을 모른다. 즉 자기가 하는 말이 침묵에 불과하다는 사실을 그는 알지 못한다. 이 모든 사실이 비로소 알려지는 것은 소설이 씌어짐에 의해서다(소설가도 그들을 말하는 사람으로 만들 수 없다. 다만 그들의 말이 침묵에 불과함을 드러낼 수 있을 뿐이다).

그들이 말하고 있지 않다는 사실을 보여주는 희극적 표징은 말의 쳇바퀴 돎이다. 대화란 동의와 공감을 향해 다가가는 말이다. 쳇바퀴 도는 대화란 형용 모순이다. 그래서 고문자와 피고문자의 대화 아닌 대화는 '다 알고 있다'와 '나는 진짜 다방 레지'라는 말의 지루한 반복으로 이루어지고 있다(작가가 반복의 사이사이에 주인공의 회상을 끼워놓아 독자는 지루하지 않다).

고문자와 피고문자가 말을 하는 동안 이 반복은 종결될 수 없다. 그들은 말을 하는 것이 아니기 때문이다. 반복을 비로소 중단시키는 것은 강간이다.

소설 속의 강간 사건은 고문과 말의 불모적 관계를 극명히 드러내고 있다. "무어라고 항의하고 싶었으나, 이상하게도 입을 열 수가 없었다. 두려움으로 마치 몸이 화석처럼 굳어버린 것 같았다." 피고문자를 벙어리로 만드는 것이 고문의 진짜 목적이다.

설령 피고문자가 입을 연다 해도 그것은 진정한 의미의 말이 될 수 없다. 피고문자는 고문자의 말을 복창하는 것에 지나지 않기 때문이다. 고문은 말(정보)을 요구하는 동시에 입을 틀어막는, 당착이다.

고문자와 피고문자가 모두 말의 좌절로 귀착되는 이 사태는 폭력과 말의 양립 불가능성을 반증한다. 앞에서 나는 소설의 반폭력성에 대해 말했다. 말은 본질적으로 반폭력적이다. 그런데 문학은 말 작업이 아닌가. 일찍이 김현은 억압하지 않으면서 억압을 생각할 수 있게 하는 문학만이 비인간성에 대해 궁극적으로 반성할 힘을 갖는다고 주장했다. 그가 염두에 두었던 것은 문학의 우월성이나 순수성이 아니다. 말의 이 존재론적 기초였다. 김현에게 그 기초는 '자유'이다.

자유에 대한 김현의 신념은 4·19 체험에 기인한다. 그 사건으로부터 근 30년이 흐른 뒤 "내 나이는 1960년 이후 한 살도 더 먹지 않았다"[3)]고 말할 때, 그는 동시대의 상황에 갇히지 않는 말의 본질적 자유에 대한 믿음을 스스로 확인하고 싶었을 것이다.

말할 자유 따위가 아닌, 말의 본질로서의 자유를 믿었던 그는, 계급의 자유가 있을 뿐이라는 주장의 드센 대두에 일

---

3) 김현, 「머리말」, 『분석과 해석』, 문학과지성사, 1988.

말의 불안감을 느꼈던 것이리라. 그래서 "한 살도 더 먹지 않았다"는 선언은 우울한 오기처럼 들리기도 한다.

그러나 계급의 자유조차도 그것에 의해 비로소 가능해지는 그런 자유에 대해 그가 말하고 있었다면?

계급이 삶의 전부일 수 없다. 이창동의 단편 「운명에 대하여」의 주인공은 '옴 붙은 운수의 덫에 걸린' 전쟁 고아이다. 그 전쟁은 명분적으로 계급 전쟁이었다. 그러나 계급 해방이 그에게 아버지를 되돌려주지는 않는다(못한다).

그의 마음의 상처를 치유해주는 것은 오히려 아버지의 고물 손목시계이다. 고물 시계의 무슨 힘이? 대답은 다음과 같은 반문 가운데 암시되어 있다. "역사니 뭐니 하고 떠들어대는데, 그 역사라는 것이 아버지의 이 고물 시계에 대해서 도대체 무엇을 알겠습니까?"

반문은 이미 답이 나와 있는 질문 형식이다. 역사가 모르는 대답을 반문자는 알고 있다. 앎의 문제가 되돌아오고 있음을 본다. 알려는 자와 아는 자 사이의 저 앎의 문제가—

우리는 그것이 또한 자유의 문제임을 보았다. 고문자와 피고문자가 서로 말이 불통하는 것과 대조적으로, 고물 시계와 '나'는 서로를 알아본다. 그 비결이 무엇인지는 구체적으로 밝혀져 있지 않다. 그것을 알아보려면 다시 「하늘등」으로 돌아가야 한다.

"〔……〕 쥐새끼같이 낙인찍힌 이대로 여길 떠날 수는 없어. 언젠가 내가 그런 인간이 아니라는 걸 사람들한테 보여줄 때까지는. 그게 인간 김광배의 마지막 자존심이고 오기야. 내 말 이해하지 못하겠지?"

"아뇨, 이해할 수 있어요."

하고 나서 그녀는 말한다.

"날 가지세요."

그녀는 남자를 이해하고, 몸을 준다. 고문자와 피고문자의 소통 불능/강간과 진하게 대조를 이루는 장면이다.

가까스로 강간의 위기를 벗어난 직후 그녀가 스스로 몸을 주는 상대 남자는 동료 광부들로부터는 변절자로 낙인찍히고, 경찰과 업주들로부터 '개만도 못한 놈' 취급당하는 그런 인물이다. 그런 자가 마지막 자존심과 오기에 대해 말하고 있다. 그것은 그의 안에 아직 인간의 맥박이 뛰고 있다는 증거이다(아직도 째깍거리며 시간을 가리키고 있는 아버지의 고물 손목시계처럼). 그것을 이해하고 그녀는 몸을 준다.

고문이 열 수 없었던 이해의 문과 몸의 자물쇠를 여는 것은 '인간의 말'이다. 그는 말하고, 그녀는 듣는다. 그들은 인간이다. 반면, 고문 장면에서 쌍방은 정녕 말하지도 듣지도 않는다. 폭력은 말을 생산할 수 없다. 자백시킨다는 것은 말의 모순이다. 자백은, 말 그대로, 스스로 털어놓는 말이다.

듣기 위해서는 그가 스스로 털어놓는 말에 나의 귀를 기울이는 수밖에 방법이 없다. 그래서 그가 내게 말을 건네온다면 그것은 은총이다. 듣는 것은 말하는 자의 자유에 나를 의탁하는 것이다. 김현이 그토록 집착했던 그 자유——

「용천뱅이」의 아버지가 자청해 간첩죄를 뒤집어쓰는 것도 이 자유 때문이다. 그런 식으로 아버지는 자신의 자유를 확인하고 있다. 이 점을 이해하지 않으면 그의 행동은 진짜 용천뱅이 짓으로 보인다. 그러나 아버지는 말하고 있다. "나는 결심했다. 죽을 때까지 용천뱅이 신세로 살지 말자꼬. 내 할 말은 이것뿐이다……"

자유가 말의 본질이라면, 말의 조건은 수평으로 낮아지는 것이다. 귀기울인다는 것은 청자가 화자의 위치로 낮아지는 것을 의미한다.

아버지 유품은 아들과 만나기 위해 고물의 이미지로 '낮아져야' 했다. 그리고 「하늘등」의 그녀는 자신의 '이웃을 사랑하지 않은 죄'를 깨닫고 나서야 비로소 김광배의 말과 그 인간을 이해할 수 있었다. 그녀의 몸 줌에 대한 가장 심오한 해설은 아마도 저 고대 문서의 갈피에서 울려퍼지는 '낮아진 자'에 대한 찬가(「빌립보서」 2: 6~11)일 것이다.[4]

---

4) 필립비인들에게 보낸 편지에서 바울은 초대 교회의 그리스도 찬가를 인용하고 있다. "그는 하느님의 모습을 지녔지만/자신을 비우시어 종의 모습을 취하시고/자신을 낮추어/십자가의 죽음에 이르기까지 순종

「하늘등」 이야기는 그녀가 모든 것을 비운 모습——"이곳에 도착했을 때와 똑같이 비닐 가방 하나만 들고"——으로 역을 향하여 달려가는 장면으로 끝나고 있다.「녹천에는 똥이 많다」의 주인공도 끝 장면에서 '향하여' 걸어가고 있다.

이 거대한 오욕의 세상, 이미 모든 순결함과 품위를 잃어버린 이곳에서 또한 살아야 하는 것이다. 이 어마어마한 쓰레기의 퇴적층 위, 온갖 오물과 증오와 버려진 꿈들을 발 아래에 두고 저 까마득한 허공에 아슬아슬하게 매달린 23평짜리의 내 보금자리를 향해.

주인공의 이 자기 긍정은 자기 기만일 수 있다. 인용은 열등감과 질투 때문에 이복 아우 민우를 밀그한 직후 주인공의 자의식을 묘사한 대목이다. "하지만 생을 압류당한 채 살아가야만 하는 것이 어찌 민우뿐이겠는가." 변명할수록 그것은 더 자기 기만적으로 들린다.

주인공이 자신도 미처 깨닫지 못하고 있는 결정적인 것은,

하셨도다." 이 자기 비움의 신학적 의미는 권력욕 등 자기 중심적인 모든 것을 무로 돌리는 것이다. 고문자의 성격이 피고문자에게 전이되는——피를 빨린 희생자가 흡혈귀가 되는——현상은 잘 알려져 있다. 그러나「하늘등」의 피고문자는 고문자를 복사하지 않는다. 저 '자기 비움'이 고문/피고문의 악마적 순환 고리를 부쉈기 때문이다.

그가 '똥'으로 낮아졌다는 사실이다. 그가 다시 일어나 똥으로 가득 찬 그곳을 향하여 걸어갈 수 있었던 것은 밀고자가 됨으로 해서다(밀고자가 되었음에도 불구하고가 아니라).

「하늘등」의 그녀는 가진 모든 것을 다 줘버린 뒤 다시 출발하고 있다. 「녹천……」의 그는 스스로 똥이 되고 나서야 '향하여' 걸어갈 수 있었다. 똥을 향하여, 아니 별을 향하여.

민우가 체포된 뒤 그는 별을 본다. "비록 똥구덩이에서 쳐다보는 것이라 할지라도 밤하늘의 별은 참 예쁘게 반짝이고 있었다." 「하늘등」의 그녀도 별을 보고 있다. 스스로 처녀성을 바치고 난 뒤에다. 그도 울고, 그녀도 운다.

누가 저 높은 곳에 꺼지지 않는 등불 하나 켜두고 있는 것일까. 고개를 뒤로 젖힌 채 그녀는 오랫동안 그 별을 올려다보았다. 〔……〕 아무도, 그 무엇으로도 저 별자리를 빼앗지 못할 별 하나 있으리라. 그래, 난 이렇게 살고 있다. 그리고 살고 싶다는 감정이 벅차도록 가슴에 파고들었다. 문득 그 별이 그녀의 눈앞까지 날아와 부서졌다. 어느 샌가 까닭을 알 수 없는 눈물이 흐르고 있었던 것이다.

그의 똥은 그녀의 별이 아닐까? 그녀의 별은 먼 하늘에 있고, 그는 똥이 되어 똥 위에 앉아 있다. 그러나 별 하나 내려와 그녀의 가슴속에 머물듯, 똥 위에 세워진 그의 보금자리는 저 까마득한 허공에, 외로운 별처럼 빛나고 있다. 낮아짐에 의해 비로소 열리는 하늘과 땅의 소통이다.

 이창동의 소설을 읽는 동안 내내 나의 귓전에 감돌던 환청은 저 고대 문서의 성스런 찬가였다.

문지스펙트럼

제1영역: 한국 문학선

1-001　별(황순원 소설선 / 박혜경 엮음)

1-002　이슬(정현종 시선)

1-003　정든 유곽에서(이성복 시선)

1-004　귤(윤후명 소설선)

1-005　별 헤는 밤(윤동주 시선 / 홍정선 엮음)

1-006　눈길(이청준 소설선)

1-007　고추잠자리(이하석 시선)

1-008　한 잎의 여자(오규원 시선)

1-009　소설가 구보씨의 일일(박태원 소설선 / 최혜실 엮음)

1-010　남도 기행(홍성원 소설선)

1-011　누군가를 위하여(김광규 시선)

1-012　날개(이상 소설선 / 이경훈 엮음)

제2영역: 외국 문학선

2-001　젊은 예술가의 초상 1(제임스 조이스 / 홍덕선 옮김)

2-002　젊은 예술가의 초상 2(제임스 조이스 / 홍덕선 옮김)

2-003　　스페이드의 여왕(푸슈킨/김희숙 옮김)

2-004　　세 여인(로베르트 무질/강명구 옮김)

2-005　　도둑맞은 편지(에드가 앨런 포/김진경 옮김)

2-006　　붉은 수수밭(모옌/심혜영 옮김)

2-007　　실비/오렐리아(제라르 드 네르발/최애리 옮김)

2-008　　세 개의 짧은 이야기(귀스타브 플로베르/김연권 옮김)

2-009　　꿈의 노벨레(아르투어 슈니츨러/백종유 옮김)

2-010　　사라진느(오노레 드 발자크/이철 옮김)

2-011　　베오울프(작자 미상/이동일 옮김)

2-012　　육체의 악마(레이몽 라디게/김예령 옮김)

2-013　　아무도 아닌, 동시에 십만 명인 어떤 사람
　　　　　(루이지 피란델로/김효정 옮김)

2-014　　탱고(루이사 발렌수엘라 외/송병선 옮김)

2-015　　가난한 사람들(모리츠 지그몬드 외/한경민 옮김)

2-016　　이별 없는 세대(볼프강 보르헤르트/김주연 옮김)

2-017　　잘못 들어선 길에서(귄터 쿠네르트/권세훈 옮김)

제3영역: 세계의 산문

3-001　　오드라덱이 들려주는 이야기(프란츠 카프카/김영옥 옮김)

3-002　　자연(랠프 왈도 에머슨/신문수 옮김)

3-003　　고독(로자노프/박종소 옮김)

3-004　　벌거벗은 내 마음(샤를 보들레르/이건수 옮김)

제4영역: 문화 마당

4-001 한국 문학의 위상(김현)

4-002 우리 영화의 미학(김정룡)

4-003 재즈를 찾아서(성기완)

4-004 책 밖의 어른 책 속의 아이(최윤정)

4-005 소설 속의 철학(김영민·이왕주)

4-006 록 음악의 아홉 가지 갈래들(신현준)

4-007 디지털이 세상을 바꾼다(백욱인)

4-008 신혼 여행의 사회학(권귀숙)

4-009 문명의 배꼽(정과리)

4-010 우리 시대의 여성 작가(황도경)

4-011 영화 속의 열린 세상(송희복)

4-012 세기말의 서정성(박혜경)

4-013 영화, 피그말리온의 꿈(이윤영)

4-014 오프 더 레코드, 인디 록 파일(장호연/이용우/최지선)

4-015 그 섬에 유배된 사람들(양진건)

4-016 슬픈 거인(최윤정)

제5영역: 우리 시대의 지성

5-001 한국사를 보는 눈(이기백)

5-002 베르그송주의(질 들뢰즈/김재인 옮김)

5-003 지식인됨의 괴로움(김병익)

5-004 데리다 읽기(이성원 엮음)
5-005 소수를 위한 변명(복거일)
5-006 아도르노와 현대 사상(김유동)
5-007 민주주의의 이해(강정인)
5-008 국어의 현실과 이상(이기문)
5-009 파르티잔(칼 슈미트 / 김효전 옮김)
5-010 일제 식민지 근대화론 비판(신용하)
5-011 역사의 기억, 역사의 상상(주경철)
5-012 근대성, 아시아적 가치, 세계화(이환)
5-013 비판적 문학 이론과 미학(페터 V. 지마 / 김태환 편역)
5-014 국가와 황홀(송상일)

제6영역: 지식의 초점
6-001 고향(전광식)
6-002 영화(볼프강 가스트 / 조길예 옮김)
6-003 수사학(박성창)
6-004 추리소설(이브 뢰테르 / 김경현 옮김)

제7영역: 세계의 고전 사상
7-001 쾌락(에피쿠로스 / 오유석 옮김)